LES COMPAGNIES

DE

CADETS-GENTILSHOMMES

ET LES

ÉCOLES MILITAIRES

LIBRAIRIE MILITAIRE DE L. BAUDOIN ET Cie

OUVRAGES DU MÊME AUTEUR :

Les Drapeaux français, leurs gardes et leurs légendes.

L'ancien Drapeau de la France.

Les Milices et les Troupes provinciales.

Les Milices gardes-côtes.

Le Maréchal Davout.

Le Régiment de la Calotte.

Lazare Carnot.

Notices historiques sur l'État-major général
(En cours de publication dans le *Journal des Sciences militaires*).

Paris. — Imprimerie L. Baudoin et Ce, 2, rue Christine.

LES COMPAGNIES
DE
CADETS-GENTILSHOMMES
ET LES
ÉCOLES MILITAIRES

PAR

LÉON **HENNET**

SOUS-CHEF AUX ARCHIVES DE LA GUERRE

> « *Paucos viros fortes natura procreat;*
> *bonâ institutione plures reddit industria.* »
> (VÉGÈCE, *de Re militari.*)

PARIS

LIBRAIRIE MILITAIRE DE L. BAUDOIN ET Cᵉ

IMPRIMEURS-ÉDITEURS

30, Rue et Passage Dauphine, 30

1889

A Monsieur le Général de Division LEWAL.

Mon Général,

Lors de votre passage au Ministère de la Guerre, dans la visite que vous fîtes aux Archives, vous avez bien voulu vous souvenir du travail sur les Milices, *que j'avais publié dans le* Journal des Sciences militaires.

Vous considérez comme utiles ces travaux d'histoire et m'avez engagé à persévérer.

J'ai suivi vos conseils, et voici ma deuxième étude sur les anciennes institutions militaires françaises. J'ai l'honneur de vous prier d'en agréer la dédicace comme témoignage de la gratitude du subordonné envers le Ministre dont les encouragements l'ont touché.

Veuillez agréer, mon Général,
l'expression de mon respect.

Léon HENNET.

25 Août 1889.

PRÉFACE

L'organisation et l'administration de l'ancienne armée sont peu connues. Ce n'est pas qu'il n'ait été beaucoup écrit sur ce sujet; mais il restait à exposer les faits d'après les documents; en un mot, à distraire le vrai de la tradition, qui, à de très rares exceptions, ne repose sur aucune base sérieuse.

J'ai osé entreprendre ce travail, qui formera trois parties. La première, *Les Milices et les Troupes provinciales*, traitait du recrutement national avant la Révolution. Le recrutement est la pierre initiale de l'édifice militaire.

Dans la deuxième partie, que je livre aujourd'hui au public, j'examine, par l'étude des diverses institutions d'éducation militaire, le recrutement des officiers. Enfin, la troisième partie exposera la situation de ces mêmes officiers au point de vue de l'avancement, des récompenses, des pensions, etc.

Dans ce genre de travaux, il me semble indispensable de ne s'appuyer que sur des textes, sur des documents authentiques, et non sur les opinions d'auteurs. Raconter les faits, exposer la législation, sans y mêler la critique; celle-ci trouvant naturellement sa place en des chapitres spéciaux et distincts.

De même également, j'ai cherché à présenter ce qui se passait en réalité, et non ce que prescrivaient des dispositions légales plus ou moins exécutées.

Ce n'est pas l'amour de l'ancien temps qui m'a guidé. J'ai seulement voulu contribuer à faire connaître une organisation militaire plus sérieuse qu'on le pense généralement, — tel, entre autres, le « plan d'éducation » arrêté par le comte de Saint-Germain, en 1776, plan que j'eus la bonne fortune de découvrir et qui renferme d'admirables préceptes d'éducation aussi bien civile que militaire, — organisation appropriée au caractère national, dans laquelle l'étranger a largement puisé les bases d'un système que nous voudrions imiter, ne reprenant ainsi que notre bien.

Enfin, je crois que les leçons de l'expérience ne doivent jamais être perdues.

L. H.

LES

COMPAGNIES DE CADETS-GENTILSHOMMES

ET LES

ÉCOLES MILITAIRES

(1682-1793).

INTRODUCTION

Le principal objectif des peuples civilisés, au point de vue militaire, a toujours été de former des officiers et des soldats. Lorsque la tactique et la stratégie étaient encore à l'état rudimentaire, on ne cherchait qu'à rendre les guerriers alertes et vigoureux. On les exerçait sans cesse aux luttes corporelles et au maniement des armes ; c'était par le service que l'on apprenait à commander.

La Noue est le premier qui ait signalé, dans ses *Discours militaires*, la nécessité de fonder des établissements où les jeunes gens qui se destinaient à la carrière militaire pussent apprendre les traditions laissées par les maîtres dans l'art de la guerre, et profiter de l'expérience acquise. A cette époque, les gentilshommes qui se vouaient aux armes faisaient leur apprentissage, selon leur naissance, dans les pages, les corps de la maison militaire du roi, la gendarmerie, ou comme cadets dans les troupes. Ce dernier système, qui produisit d'abord d'excellents résultats, était devenu, dit La Noue, « une périlleuse institution pour les jeunes : car n'ayans le plus souvent pour maistres que gens desbauchez, les mauvais exemples avec le tems les entraînent à dissolution, et au lieu de les façonner, ils les défaçonnent du tout. » Un certain nombre de jeunes gens, La Noue l'évalue de 300 à 400 par an, allaient étudier à l'étranger. « Mais tout bien compté, dit-il, il revient autant d'inconvéniens que de profits de tels voyages ; car ils emportent l'argent de France, et y rapportent souvent de mauvaises coutumes. »

Il proposait, pour combattre ces funestes tendances et remédier à ces inconvénients, de fonder quatre *académies militaires*, pour commencer, et de les établir à Paris, Lyon, Bordeaux et Angers, ou dans les châteaux de Fontainebleau, Moulins, Plessis-lès-Tours et Cognac, « demeures très spacieuses et dignes d'œuvres royales. »

Ces académies devaient être, dans la pensée du novateur, des écoles spéciales, ouvertes seulement à des jeunes gens âgés de quinze ans et ayant commencé leurs études. On y apprendrait l'équitation et la voltige, à tirer la bague en pourpoint ou armé, l'escrime, la natation, les luttes corporelles, la danse, si l'on y tenait, « encore que la tendance fût vaine ; » c'étaient les exercices du corps. L'étude de la langue française, des meilleurs traités moraux et militaires de l'Antiquité, de l'histoire, de la géographie, des mathématiques, de la fortification et des langues étrangères devait constituer la partie intellectuelle, en y ajoutant, comme distractions, la musique et la peinture. Les jeunes académiciens devaient être confiés à des hommes de valeur, et le rigide huguenot recommande de donner à l'écuyer des gages plus élevés qu'au peintre.

La Noue évaluait la dépense qui résulterait de cette fondation à 12,000 écus par an pour les quatre académies, « ce qui est bien peu de cas pour le grand fruit qui en proviendroit. » Un officier de choix serait placé à la tête de chacune d'elles avec le titre de surintendant, et renouvelé tous les trois ans. La discipline dans les académies devrait être rigoureuse, et chaque jour, sauf les dimanches et fêtes, serait jour d'études.

Ces conseils sensés ne furent pas suivis. Quel lustre nouveau Henri IV et Sully eussent ajouté à leur gloire en écoutant cette voix sage ! Lorsque l'armée, sortant du chaos, s'établissait sur des bases solides, qu'il eût été grand de compléter son organisation par l'institution d'une école militaire !

Henri IV fonda le collège de La Flèche en 1603. Bien que le valeureux maréchal de Goesbriand y eût fait ses études, que d'anciens élèves eussent suivi la carrière des armes, cet établissement ne peut être classé au nombre des institutions d'éducation militaire. Sa destination même en est la preuve, puisque les places gratuites d'élèves, à la nomination du roi, étaient réservées à des jeunes gens se destinant à l'état ecclésiastique ou à la magistrature. Ce n'était pas une école où l'on pût apprendre les utiles et sévères principes de la discipline, où ceux qui commanderaient un jour devaient d'abord savoir obéir. L'éducation militaire qu'on y recevait se bornait à l'étude des mathématiques, de l'équitation et de l'escrime, choses qui faisaient alors et font encore aujourd'hui partie de toute éducation complète, quelle que soit la carrière que l'on veuille embrasser. La véritable éducation militaire se faisait toujours dans les troupes.

Richelieu tenta le premier de créer une école purement militaire. Sur ses conseils, Louis XIII institua, en 1629, une *académie des exercices militaires* où les nouvelles recrues allaient apprendre gratuitement le maniement des armes.

La même année, le cardinal fonda, rue Vieille-du-Temple, une autre académie militaire. Il affecta, sur ses propres biens, un revenu de 22,000 livres à cet établissement, destiné à l'éducation de vingt gentilshommes, dont il s'était réservé la nomination pour lui et le chef de sa maison de nom et d'armes. Les candidats devaient être âgés de 14 à 15 ans et aptes à suivre le métier militaire. Après deux années d'études, ces jeunes gens devaient recevoir des commissions pour aller servir comme officiers dans l'armée de terre ou sur les bâtiments du roi.

Ces deux créations furent éphémères.

L'institution des cadets dans les troupes prit dès lors une plus grande extension. Ils devinrent même si nombreux que Louis XIV, par ordonnance du 25 février 1670, en limita le nombre à deux par compagnie, âgés au moins de dix-huit ans. On admit aussi des cadets dans les gardes du corps; ils y faisaient le service des gardes titulaires, mais ne touchaient pour la plupart aucune solde; ces cadets furent supprimés en 1678.

La 1re compagnie de mousquetaires, dite mousquetaires gris, fut créée en 1657; la 2e, ou mousquetaires noirs, en 1665. C'étaient alors les meilleures écoles militaires; mais les jeunes gens d'une certaine naissance pouvaient seuls s'y faire recevoir.

Cette distinction était admise alors et ne choquait personne. Cependant, cette manière d'agir était une faute, car la petite noblesse et même la bourgeoisie, où se recrutaient les officiers subalternes, avaient tout autant besoin que les grands seigneurs de s'initier à la carrière des armes.

Les écoles ne sont pas spécialement destinées à faire des généraux en chef, mais à former des officiers capables et instruits à tous les échelons de la hiérarchie. Qu'apprenaient les cadets des régiments dans leur noviciat? « Rien de plus, nous dit Guignard dans son *Ecole de Mars*, que le simple exercice, et à faire quelques heures de sentinelle, qui sont simplement les fonctions de soldat. »

Le 2 janvier 1663, un régiment d'infanterie modèle avait été mis sur pied, sous la dénomination de *régiment du Roi.* Il fut recruté en hommes de troupe parmi les meilleurs soldats des régiments réformés après la paix des Pyrénées, et presque tous les emplois d'officier furent remplis par des mousquetaires. Louis XIV se déclara colonel de ce régiment, et « *il trouva bon*, dit le général Susane[1], que les fils des plus illustres familles débutassent en y portant la pique et le mousquet. »

Le régiment d'infanterie du Roi était, avec les mousquetaires, les meilleures institutions d'éducation militaire; mais la plupart des gentilshommes n'avaient pas la naissance requise ou la fortune nécessaire pour s'y faire admettre. Il ne restait que les cadets dans les troupes, lesquels ne valaient rien. On se heurtait à ce dilemme.

Louvois le comprit et chercha à résoudre cette difficulté. Il était réservé au fondateur des Invalides de créer la première école militaire vraiment digne de ce nom. Louvois ne supprima pas es cadets, mais il les forma en compagnies où ces jeunes gens, au lieu des mauvais exemples de la caserne, pouvaient, par la fréquentation d'officiers recommandables sous tous les rapports, puiser à bonne source les principes salutaires de la discipline et de l'honneur, et continuer des études inachevées; quelques-uns même, les commencer.

---

[1] *Histoire de l'ancienne Infanterie française.*

C'était en 1682. La guerre de Dévolution venait de se terminer par le traité de Nimègue. Louis XIV, qui avait marché de succès en succès et vu toutes les places ennemies lui ouvrir leurs portes, se croyait un maître dans la guerre de siège et ne concevait pas que l'on pût guerroyer en rase campagne. Cette tendance, nous dirions presque cette idée fixe du grand roi est connue; elle présida à la création des *compagnies de cadets-gentilshommes*, puisque ces compagnies étaient surtout destinées à former des ingénieurs. C'était l'étiquette qu'il fallait leur donner pour en faire accepter l'établissement par Louis XIV. Fort peu de cadets, du reste, suivirent cette branche de la carrière militaire; le plus grand nombre devinrent officiers d'infanterie; quelques-uns sortirent dans la cavalerie et les dragons.

Une ordonnance du 1er septembre 1682 prescrivit de ne plus entretenir de cadets dans les régiments, sauf dans les compagnies colonelles ordinaires, qui purent en conserver trois jusqu'à nouvel ordre. Une autre ordonnance du 25 juillet 1683 supprima définitivement les cadets.

Les compagnies de cadets-gentilshommes furent toutes organisées sur le même modèle. Au point de vue seul du maniement des armes et des exercices et manœuvres, leur instruction était irréprochable. Louis XIV fut enthousiasmé de la façon dont manœuvrèrent devant lui les compagnies de Besançon et de Valenciennes. Le prince Louis de Bade, après une visite faite en 1685 à la compagnie de Strasbourg, s'écria « qu'avec de pareilles pépinières, on pouvait planter des François au bout de l'Europe. » Guignard, qui rapporte cette parole, y servait alors comme cadet.

On ne saurait malheureusement en dire autant des autres parties du programme des études. Louvois lui-même s'en plaignait. « Le roi a été informé, écrivait-il en 1685, que parmi l'escouade de la compagnie de gentilshommes de Charlemont qui a été envoyée à Longwy, il ne s'en trouve que *quatre qui aient appris les mathématiques et pas un qui sache une règle d'arithmétique;* que, pour s'en excuser, ils disent qu'on leur laissoit la liberté d'étudier ou non. » L'esprit de l'armée n'était pas encore assez mûr pour envisager les bienfaits de cette institution, et comme au point de vue de l'intérêt du pays une telle tolérance était coupable !

Tout contribua, d'ailleurs, à empêcher cette création de porter ses fruits : mauvais recrutement, comme nous le verrons, défaut de surveillance de la part des officiers, manque de discipline. Il fallut toute l'activité de Louvois pour maintenir sa fondation sur un bon pied; lui mort, elle s'écroula.

Pour supprimer ces compagnies de cadets, on prétexta des économies à faire, et pourtant la guerre de la ligue d'Augsbourg touchait à sa fin; comme dit La Noue : « qui voudroit un peu ouvrir les yeux verroit une infinité de despenses nouvelles qui sont bien plus mal employées. »

On en revint à l'ancien système des cadets dans la maison du roi et les corps de troupe; les jeunes gens qui se destinaient à l'artillerie entraient dans Royal-Artillerie : ceux-ci, du moins, suivaient les cours d'écoles spéciales.

Une ordonnance du 20 mai 1716 créa au régiment des gardes françaises des cadets en nombre indéterminé. Ces cadets recevaient 15 livres de solde par mois et ne faisaient pas partie des 110 hommes dont se composait alors le complet réglementaire des compagnies. Les cadets aux gardes furent supprimés le 8 avril 1726 et renvoyés dans leurs familles jusqu'à ce qu'ils pussent être pourvus d'emplois d'officier.

En 1724, Antoine Pâris présenta un projet de création d'une école militaire, mais dans des proportions trop vastes pour être accepté. L'état des finances ne permettait pas de faire une forte dépense au moment où l'on allait créer l'impôt du cinquantième.

Le vent de la guerre soufflait sur l'Europe. Pour parer à toute éventualité, sur les conseils du tout-puissant Pâris du Verney, on avait prescrit la levée de 60,000 hommes de milices. Le 16 décembre 1726, on rétablit *six compagnies de cadets-gentilshommes* destinés à fournir de bons officiers à ces milices. En rapprochant ces deux restaurations, celle des milices et celle des cadets, des idées bien connues des frères Pâris, on est fort tenté de leur attribuer la seconde.

Ces compagnies furent mieux établies que celles de Louvois; elles suivaient en cela la marche des idées. On a cependant à leur faire un reproche que les premières n'avaient pas encouru : chaque capitaine ayant été chargé d'organiser sa compagnie au point de vue de la discipline intérieure et de l'emploi du temps, il en résulta, dans la direction générale, un manque d'unité regrettable à tous égards. Cet inconvénient fut réparé dans la suite par la fusion des six compagnies en deux compagnies et plus tard en une seule. Ce ne fut pourtant pas ce qui motiva cette dernière réunion : « Depuis que leur nombre a été augmenté, dit l'ordonnance rendue à cet effet, les cadets ont fait des progrès plus considérables dans les exercices militaires. » On ne devait pas attribuer ces progrès au grand nombre de cadets qui permettait de manœuvrer en masse, mais à la direction unique qui était donnée à l'instruction. La compagnie de Metz, qui avait reçu les cinq autres, fut supprimée à la fin de 1733 pour des raisons que nous examinerons plus loin.

L'institution avait été complétée par deux ordonnances des 12 février 1728 et 25 janvier 1729.

La première établit à la suite du régiment des gardes françaises trente-trois emplois de gentilshommes à drapeau, au lieu de quatre qui existaient depuis 1680. Ces emplois étaient réservés à des jeunes gens d'une noblesse reconnue. Ils y faisaient le service des enseignes, mais ne recevaient pas d'appointements. Les soldats leur donnaient le salut ; ce qui n'avait pas lieu pour les cadets. C'était bien un complément à la création des compagnies de cadets, l'ordonnance le dit expressément.

La seconde ordonnance établit deux cornettes dans chacun des régiments de cavalerie française et de dragons, pour permettre aux jeunes gens qui s'y destinaient de se former au service de ces armes. Ces cornettes touchèrent des appointements.

Une ordonnance du 27 mai 1730 institua au port de Rochefort une *compagnie de cadets pour le service des troupes des colonies.* Placée sous les ordres d'un lieutenant de vaisseau commandant et d'un enseigne commandant en second, cette compagnie se composait de 2 sergents, 2 caporaux, 2 anspessades et 24 cadets, âgés de 15 à 22 ans. Les places de sergents, données d'abord à des gardes-marine, devaient être dans la suite remplies par des cadets. Les cours étaient professés par les différents maîtres des gardes-marine.

L'habillement, fourni par les cadets, consistait en un justaucorps de drap gris blanc, avec doublure bleue et boutons de cuivre doré; la veste et la culotte étaient de drap bleu; les bas étaient bleus aussi; le chapeau était bordé d'un galon d'or fin. La solde était fixée par mois à 50 livres au commandant et 30 au commandant en second, outre leurs appointements d'officier de vaisseau. Le sergent recevait 30 livres; le caporal, 21; l'anspessade, 18, et le cadet, 15. Le tambour attaché à la compagnie avait la même solde que les cadets.

Aucun officier des troupes entretenues dans les îles d'Amérique ne devait dorénavant être pris en dehors de ces cadets, ou d'officiers déjà pourvus de commissions dans les armées de terre et de mer.

La compagnie de cadets de Rochefort ne fut supprimée qu'à la Révolution.

En 1736, le chevalier de Lussan, du corps des ingénieurs, établit à ses frais une école militaire dans l'ancien hôtel d'Entragues, qu'il avait pris en location. Cet hôtel, situé dans le haut de la rue de Tournon, convenait par ses dimensions et son aménagement intérieur à sa nouvelle destination. Les études devaient durer dix-huit mois et être divisées en cours progressifs trimestriels. Le chevalier de Lussan sollicita, par l'intermédiaire du lieutenant général de police Hérault, des lettres patentes et la permission de mettre au dessus de la porte de l'hôtel d'Entragues l'inscription *Ecole de Mars*, nom qu'il donnait à son école.

Pour l'étude de la fortification, de l'attaque et de la défense des places, Lussan avait l'intention de faire construire un fort hors Paris, sous la direction des élèves, qui tour à tour en dirigeraient l'attaque et la défense. Ce fait porte à croire que la création de Lussan devint la *compagnie des* 200 *cadets dauphins* dont l'inspection générale fut confiée, en 1739, à Jean-Baptiste Berthier, ingénieur-géographe fort distingué et père du maréchal prince de Wagram, chargé, en outre, d'enseigner à ces cadets les exercices et évolutions militaires, la topographie, l'attaque et la défense des places.

En 1744, Berthier fit construire, pour l'étude de cette dernière partie de l'enseignement, le fort Dauphin, dans l'île des Cygnes. C'était la mise en pratique de l'idée du chevalier de Lussan. Cette école obtint à diverses reprises l'approbation du tribunal des maréchaux de France, qui venait assister à ses exercices. L'année suivante, Berthier reçut une commission d'ingénieur et partit à l'armée de Flandre avec Maurice de Saxe. On n'entend plus dès lors parler de la compagnie des cadets dauphins.

On revint donc encore une fois à l'ancien système. Ce ne sont plus maintenant des cadets, mais des *volontaires*. Ces volontaires étaient des jeunes gens qui venaient servir dans les régiments pour apprendre le métier des armes. Ils ne recevaient aucune solde, n'avaient aucune attache officielle et pouvaient se retirer comme ils étaient venus. Il suffisait pour se faire admettre comme volontaire dans un régiment d'être agréé par le colonel ou le mestre de camp, sur la présentation du capitaine qui voulait bien vous prendre dans sa compagnie. La plupart des volontaires étaient fils d'officiers.

Les gentilshommes à drapeau subsistaient toujours aux gardes françaises. Une ordonnance du 11 janvier 1740 en fixa le nombre à deux par compagnie.

Il y avait encore les pages de la chambre et ceux de la petite et de la grande écurie du roi, ceux de la reine, du dauphin et de la dauphine, du duc d'Orléans, du prince de Condé, du comte de Clermont et du prince de Conti. Les pages, après un stage plus ou moins long, selon le rang des personnes auxquelles ils étaient attachés, obtenaient des commissions d'officier et allaient servir dans les troupes. Ils ne cessèrent d'exister qu'à la Révolution.

Si l'un de ces stages au moins avait été imposé à tous les candidats à l'épaulette, on aurait peu à critiquer. Malheureusement ce n'était que l'exception ; les volontaires et les pages étaient en petit nombre. Peu de colonels faisaient comme le chevalier de Tourny, mestre de camp du régiment de cavalerie de la Reine, qui imposait le volontariat aux candidats officiers dans son régiment. « Je crois, disait-il, que le moyen de former de bons officiers est de les faire passer autant qu'on peut par l'école du cavalier. »

A cette époque, pour obtenir des lettres d'officier, il n'était besoin que d'avoir un nom ou des protecteurs, ou encore « le meilleur tailleur, le parfumeur le plus exquis, l'équipage le plus brillant, la livrée la plus leste, jurer beaucoup, être à tous les spectacles[1]. »

Plus on allait, plus on revenait en arrière. On en fit la triste expérience pendant la guerre de Sept ans. On comptait alors dans les bureaux de la guerre les bons officiers, et ils étaient peu nombreux, car il y avait « ignorance totale, écrivait le maréchal de Broglie, depuis le sous-lieutenant jusqu'aux lieutenants généraux, des devoirs de leur état et de tous les détails dans lesquels ils doivent entrer[2]. »

La *Chronologie historique et militaire* de Pinard offre un grand nombre d'exemples d'avancements dus aux qualités que nous venons d'énumérer. En voici quelques-uns : le comte Charles de Tessé, tué à Laufeld, enseigne dans Royal-Comtois le 25 avril 1733, en devient colonel le 10 mars 1734; le comte de Chabot, cornette du 4 avril 1747, est pourvu d'un régiment le 25 août 1749 ; un duc de Rohan, nommé capitaine réformé au régiment de Lorraine (*cavalerie*) en 1723, à l'âge de 13 ans, est nommé colonel de Vermandois (*infanterie*) en 1734. Les ducs de Luxembourg et de Boufflers furent d'emblée nommés colonels et pourvus de régiments; l'un avait 15 ans et l'autre pas tout à fait 5 ans !

Ce système était déploré des hommes sérieux, aimant leur pays et soucieux de la gloire des armes françaises. Aussi le projet d'établissement d'une école militaire durable, lorsqu'il fut connu, fût-il bien accueilli; c'était une idée qui germait dans l'esprit de tous. « Nous avons été hier à Saint-Cyr, écrivait Mme de Pompadour à Pâris du Verney, le 18 septembre 1750; je ne peux vous dire combien j'ay été attendrie de cet établissement ainsy que de tout ce qui étoit. Ils sont tous venus me dire qu'il faudroit en faire un pareil pour les hommes. Cela m'a donné envie de rire, ajoute la marquise, car ils croiront, quand notre affaire sera sçue, que c'est eux qui ont donné l'idée. » Enfin, après bien des tergiversations et des pourparlers, un édit portant création d'une école royale militaire fut rendu au mois de janvier 1751.

---

[1] Abbé Coyer, *Découverte de l'île Frivole.*

[2] Duc de Broglie, *Le Secret du Roi.*

L'École militaire était définitivement créée, et la France allait posséder un établissement pouvant rivaliser avec ceux de Berlin et de Saint-Pétersbourg.

L'éducation militaire entre dès lors dans une nouvelle voie. Nous examinerons dans la suite de ce travail les avantages et les inconvénients de l'institution.

COMPAGNIES DE CADETS-GENTILSHOMMES.

1re CRÉATION.

(1682-1696.)

Création de neuf compagnies. — Instructions de Louvois aux intendants. — Vieux cadets. — Commandement des compagnies. — Cours et études. — Discipline et police. — Tir. — Règlement de service. — Uniforme. — Punitions. — Solde. — Billards. — Médaille commémorative. — Visite de Louis XIV aux compagnies de Besançon et de Valenciennes. — Séditions à Charlemont et à Besançon. — Campagne de 1683. — Siège de Luxembourg (1684). — Campagne de 1687. — Circulaire de Barbesieux. — Licenciement de sept compagnies le 1er août 1694 et des deux autres le 1er avril 1696. — Prétextes de ce licenciement.

« Les erreurs de conduite, les fautes morales dont les officiers se rendaient trop souvent coupables, Louvois les attribuait volontiers à leur début dans le service, à leur noviciat militaire, aux mauvaises habitudes qu'ils y avaient prises. Tous, ou presque tous, ils avaient commencé par porter le mousquet, pendant leur adolescence ou leur première jeunesse. Sans doute, il était bon qu'ils eussent appris à obéir avant de commander, mais il était mauvais qu'ils eussent fait leur apprentissage pêle-mêle avec des soldats peu délicats d'esprit, de langage et de mœurs, peu scrupuleux aussi sur le bien d'autrui, parce qu'ils étaient trop souvent forcés de vivre d'expédients et de maraude. Louvois se proposa de supprimer le mal et d'augmenter la somme du bien, de faire vivre *les cadets* en simples soldats, mais entre eux, et de relever, par une instruction spéciale, leurs sentiments et leurs idées. En un mot, il voulut assurer aux jeunes gens de la petite noblesse et de la bourgeoisie ce que les héritiers des grands noms trouvaient déjà dans les deux compagnies des mousquetaires du roi, le bienfait d'une bonne éducation militaire [1]. »

L'ordre (ou l'ordonnance) de création de ces compagnies n'a pas été retrouvé. Il doit être des premiers jours de juin

[1] C. Rousset, *Histoire de Louvois;* Paris, 1864, édit. in-18, t. III, p. 301.

1682. La date généralement admise pour cette création est celle du 12 juin 1682, à laquelle Louvois adressa des instructions aux intendants. Nous ne l'adoptons pas, car il avait déjà écrit le 10 à Mesgrigny, gouverneur de la citadelle de Tournai, pour lui annoncer l'établissement dans cette place d'une compagnie dont le roi lui confiait le commandement. On n'avait d'abord pensé à établir que deux de ces compagnies, dans les citadelles de Metz et de Tournai; mais le nombre en fut porté de suite à neuf, entretenues à Cambrai, Valenciennes, Charlemont, Longwy, Brisach, Besançon et Strasbourg. Les commissions des neuf capitaines sont datées du 15 juin 1682.

Le 12 de ce mois, Louvois avait adressé aux intendants des provinces des instructions sous forme d'*ordre du roi*. Tous gentilshommes, âgés de quatorze à vingt-cinq ans, qui désiraient profiter de la libéralité royale, pouvaient se présenter pour se faire inscrire chez les intendants ou leurs subdélégués. Il y eut, en moins de trois mois, plus de quatre mille demandes d'admission. Il est vrai que, bien que l'ordre du roi portât gentilshommes, Louvois avait autorisé les intendants à admettre des jeunes gens appartenant à la bourgeoisie. Les intendants dépassèrent encore les intentions du ministre, qui fut obligé de demander aux capitaines des compagnies une liste de leurs cadets, avec des renseignements sur leurs familles, pour faire licencier ceux qui étaient d'une trop basse extraction.

La limite d'âge ne fut pas plus rigoureusement observée. Il y eut dans la compagnie de Brisach un cadet de quarante-cinq ans, et dans celle de Besançon un de trente-quatre. On reçut de même des cadets ne sachant ni lire ni écrire.

Les compagnies étaient commandées, avec titre de capitaine, par le gouverneur ou le lieutenant de roi des citadelles ou places où elles étaient casernées, sauf celle de Metz qui fut donnée au gouverneur des ville et château de Bitche, relevant du gouverneur des Évêchés. Ces places étaient frontières et dépendaient du département de la guerre ; car, à cette époque, chacun des quatre secrétaires d'État avait la nomination aux fonctions des gouvernements et des places compris dans les provinces de leur ressort[1].

---

[1] *Affaires étrangères :* Guyenne, Normandie, Perche, Champagne, Brie, principauté de Dombes, Berri :

Louvois se réserva l'inspection générale des compagnies de cadets.

Dans chaque compagnie, un lieutenant et deux sous-lieutenants dirigeaient les exercices et manœuvres, pendant lesquels les lieutenants remplissaient les fonctions du lieutenant-colonel dans les régiments. L'exercice durait deux et trois heures par jour et les cadets faisaient tour à tour le service de la pique, du mousquet et du fusil. Ces officiers furent choisis parmi les officiers d'infanterie et plus tard parmi les sergents des compagnies de cadets.

Le lever avait lieu à cinq heures en été, et à six en hiver. La journée était partagée entre les salles d'armes et de danse, des cours de mathématiques, de fortification, de dessin et d'allemand. Deux maîtres d'armes et un professeur pour chacun des autres cours étaient attachés à chaque compagnie. Il y avait aussi un maître d'écriture pour les cadets qui n'avaient à cet égard que des principes trop élémentaires.

Outre les manœuvres et évolutions, on exerçait les cadets au tir à la cible. Louis XIV institua même un prix annuel de tir consistant en une épée d'argent. Les cadets nouvellement admis allaient chaque matin, après le lever, faire séparément l'exercice sur les remparts, jusqu'à ce qu'ils fussent en état de figurer avec honneur dans le bataillon.

Le règlement de service fut rédigé par Moncault, commandant la compagnie de Besançon. En voici les principales dispositions :

Chaque compagnie était divisée en deux brigades, commandées par un sergent et partagées chacune en quatre escouades aux ordres d'un brigadier et de deux sous-brigadiers (ces deux derniers grades répondaient dans l'armée à ceux de caporal et d'anspessade), et composées d'un nombre de fusiliers proportionné à celui des cadets entretenus dans la compagnie, qui

---

Maison du roi : Ville et généralité de Paris, Languedoc, Provence, Bourgogne, Bresse, Bugey, Valromey, pays de Gex, Bretagne, comté de Foix, Béarn, Bigorre, Nebouzan, Picardie, Boulonnais, Touraine, Auvergne, Bourdonnais, Nivernais, Marche, Angoumois, Soissonnais, Orléanais, Poitou, Saintonge, pays d'Aunis, Brouage, îles de Ré et d'Oléron.

Guerre : Trois-Évêchés, Artois, Flandre, Hainaut, Alsace, Franche-Comté, Roussillon, Dauphiné, duché de Bouillon et places de guerre.

Marine : Colonies.

variait entre 400 et 600. On donnait les grades aux plus méritants.

Les cadets faisaient le service de la place dans laquelle ils étaient. Ils montaient la garde de trois en trois jours, quelquefois quatre, selon la force de la compagnie. Deux postes furent établis pour eux, l'un de 50 cadets, commandés par un sergent, un brigadier et un sous-brigadier; l'autre de 20, avec un brigadier et un sous-brigadier seulement. Pendant la mauvaise saison, les sentinelles étaient relevées la nuit toutes les heures, et même toutes les demi-heures si le froid était rigoureux, et on leur donnait des capotes. Dix cadets pris parmi ceux qui n'étaient point de garde faisaient des rondes la nuit.

L'uniforme, payé par le roi, comprenait un habit de gros drap bleu à boutons d'argent et des bas gris en estame. Cet uniforme leur était donné à l'entrée dans la compagnie, ainsi qu'un chapeau, un mousquet, une épée, un ceinturon et un fourniment. Les cadets devaient, à leur sortie, rendre le tout en bon état.

Les punitions consistaient en arrêts et prison. Cette dernière peine ne pouvait être infligée que par les officiers et les sergents.

La solde des cadets était de 10 sous par jour, sur lesquels le sergent en retenait 4, destinés à payer la blanchisseuse, les cantiniers et le boulanger, ainsi qu'à acheter du linge, des bas et des souliers. Les lettres de change à destination des cadets étaient adressées aux officiers, qui ne remettaient l'argent aux destinataires qu'après leur avoir fait acheter ce qui leur était nécessaire.

Les jeux de hasard étaient interdits; il était même défendu aux cadets d'aller à la comédie, pour éviter qu'ils se détournassent de leurs devoirs. Comme il fallait cependant une distraction à ces jeunes gens, Louvois imagina de faire établir des billards, dont les frais d'entretien se prélevaient sur la retenue des 4 sous sur la solde.

Une médaille commémorative de la création des compagnies de cadets fut frappée. « Elle représentait, dit M. de Montzey [1], une troupe de jeunes hommes avec un officier qui leur met

---

[1] *Institutions d'éducation militaire jusqu'en* 1789 ; Paris 1866, p. 94.

l'épée à la main ; pour légende *Militiæ tirocinium;* » dans l'exergue « *Nobiles educati munificent. princ.* 1682. »

Les cadets rejoignaient leur destination par étapes, sous la conduite d'officiers qui, après les avoir remis aux commandants des compagnies, retournaient à leur point de départ; ils avaient droit en route aux vivres réglementaires des sergents d'infanterie et à la nourriture de leurs montures, s'ils en avaient.

Le 16 juin 1683, Louis XIV visita la citadelle de Besançon. « Il trouva sur l'esplanade, écrivait Louvois à son père[1], la compagnie de cadets, à laquelle il vit faire l'exercice, et y prit tant de plaisir qu'il y demeura jusqu'à la nuit. Sa Majesté avoua qu'elle n'avoit vu aucune troupe, pas même ses compagnies de mousquetaires, faire l'exercice aussi juste que cette compagnie qui est composée de trois cent soixante et tant de cadets, parmi lesquels il y en a plus de quarante qui n'ont pas plus de quatorze ans, et qui cependant commandent l'exercice comme pourroient faire les officiers. » Pareille visite eut lieu le 22 janvier 1684 à la citadelle de Valenciennes ; comme à Besançon, les cadets manœuvrèrent devant le roi, qui fut satisfait de leur tenue. C'étaient là de beaux résultats, obtenus en peu de temps et dont l'honneur doit revenir presque entier à Louvois.

Au mois de mai 1685, un cadet de la compagnie de Charlemont fut tué en duel par un de ses camarades. Ces affaires d'honneur étaient alors sévèrement punies. Une ordonnance du 8 avril 1686[2] alla même jusqu'à donner son congé et une gratification de cinquante écus au soldat qui donnerait avis d'un duel entre militaires.

On condamna le coupable à mort. Il allait être exécuté, lorsque dix-sept de ses camarades le firent évader et l'escortèrent jusqu'au delà de la frontière. Un conseil de guerre fut immédiatement assemblé, et, le 16 juin 1685, il condamna à mort deux

---

[1] C. Rousset, t. III, p. 308.

[2] Pour le texte in-extenso des ordonnances, voir *Règlemens et ordonnances du roy pour les gens de guerre;* Paris, Muguet et Léonard, 1689 et suiv.

Les circulaires, instructions, etc., se trouvent à la bibliothèque nationale, recueil Cangé.

des plus coupables, qui furent passés par les armes. La compagnie entière fut désarmée; les plus compromis furent renvoyés dans leurs familles et les autres dispersés dans les compagnies, qui fournirent un nombre égal de cadets pour la reconstituer de suite. Le capitaine de Réveillon, qui avait atténué les faits dans son rapport à Louvois, fut disgracié; son gouvernement et le commandement de la compagnie de cadets furent confiés, le 21 juin, au marquis de Reffuges.

Cette punition sévère, nécessaire au point de vue de la discipline, ne produisit cependant pas l'effet salutaire qu'on était en droit d'en attendre. Deux mois après, il y eut dans la compagnie de Besançon une semblable révolte pour les mêmes faits. Cette seconde sédition fut réprimée aussi sévèrement que la première. « Ce furent les seules qui éclatèrent, mais elles laissèrent dans l'esprit de Louis XIV une impression mauvaise[1]. » Les services que les cadets avaient déjà rendus et ceux qu'ils rendirent dans la suite ne purent faire revenir le roi sur cette impression, et lorsque Louvois ne fut plus là pour défendre sa création, elle disparut rapidement.

La guerre avait été déclarée à l'Espagne le 11 décembre 1683. Une ordonnance du 20 février 1684 rétablit les sous-lieutenants dans 75 bataillons destinés à faire campagne. Un grand nombre de cadets reçurent de ces commissions à titre temporaire. Les sous-lieutenants furent réformés le 12 septembre suivant, et les cadets durent rentrer dans leurs compagnies respectives.

Au mois d'avril 1684, un détachement de 300 cadets, tiré par moitié des compagnies de Metz et de Longwy, fut envoyé à l'armée de Flandre et prit part au siège de Luxembourg. Lors de l'attaque de l'ouvrage à cornes, dont la prise devait décider du sort de la place, les cadets revendiquèrent l'honneur de monter les premiers à l'assaut; mais les grenadiers, à qui il était réservé de droit et qui ne cédaient le pas en pareille occurrence qu'aux mousquetaires, protestèrent, et le maréchal de Luxembourg, qui commandait le siège, se prononça en leur faveur. Les cadets

[1] C. Rousset, t. III. p. 314.

perdirent là une belle occasion de se distinguer, occasion qui ne se représenta pas. « Ils en furent au désespoir, dit Camille Rousset, et Louvois lui-même regretta ce malentendu. »

La ligue d'Augsbourg, conclue le 9 juillet 1686, entre l'Empereur, les rois d'Espagne et de Suède, l'électeur de Bavière et les princes de Saxe, contre la France, vint ranimer les espérances des cadets. Louis XIV rétablit de nouveau en leur faveur les sous-lieutenances dans les régiments d'infanterie. Le 24 mai 1687, il envoya 500 cadets servir en cette qualité dans les 72 bataillons qui devaient aller moissonner des lauriers à Philippsbourg, Fleurus et Staffarde.

Les milices furent créées le 29 novembre 1688; des lieutenances dans les régiments que l'on en forma furent encore données aux cadets.

Le 24 mai 1689, le roi accorda deux compagnies d'infanterie à chacune des neuf compagnies de cadets. Ces compagnies devaient être données à des jeunes gens capables d'être capitaines et en état, par leur fortune, de les mettre sur pied au plus tôt. Ceux qui étaient choisis quittaient de suite les cadets pour aller recruter les 45 hommes qui formaient le complet réglementaire de la compagnie d'infanterie [1]; le roi donnait 900 livres à cet effet et les armes; les nouveaux capitaines avaient le choix du régiment où ils désiraient aller. La même faveur fut encore concédée les 3 juillet et 14 août 1689.

Les cadets ne furent pas spécialement destinés à former des officiers d'infanterie. En effet, une circulaire du marquis de Barbesieux, datée du camp sous Namur, le 17 juin 1692, prescrivit, par ordre du roi, aux mestres de camp de cavalerie et de dragons, de ne plus avoir de cadets dans leurs régiments et de ne proposer à des cornettes que des jeunes gens ayant servi dans les mousquetaires ou les *compagnies de cadets*.

Louvois était mort subitement le 16 juillet 1691, frappé par une attaque d'apoplexie. En 1692, la plus grande partie des cadets étaient devenus officiers et on n'en admit plus dans les compagnies. Depuis quelque temps déjà l'admission n'était plus gratuite. La pension avait été fixée à 150 livres et les postulants

---

[1] Ordonnance du 1er septembre 1688.

devaient aller chercher leurs lettres à la Cour. Les dépenses qui résultaient de ces nouvelles dispositions en arrêtèrent un grand nombre. Barbesieux laissa ainsi tomber la noble et utile institution à laquelle son père avait consacré tant de soins dans les dernières années de sa vie.

Sept ordonnances parurent le 1er août 1694. Les compagnies de Brisach, Besançon, Sarrelouis[1], Belfort[2], Longwy, Charlemont et Cambrai furent supprimées, les cadets versés dans celles de Strasbourg et de Tournai, et les officiers et sergents réformés, avec promesse d'être prochainement replacés.

Les deux dernières compagnies qui subsistaient encore, celles de Tournai et de Strasbourg, furent licenciées par ordonnance du 1er avril 1696. On rendit les cadets à leurs familles, en assurant ceux qui iraient en faire la demande à la Cour d'être employés dans la suite.

La nécessité de faire des économies pour soutenir la guerre fut, dit le P. Daniel[3], la cause principale de ce licenciement. Cette assertion ne soutient pas l'examen, puisque, dans les derniers temps, les cadets payaient pension. Mais là ne sont pas les véritables motifs de la suppression des compagnies de cadets. Il faut les rechercher dans les préjugés du temps. D'ailleurs, voici ces motifs, tels qu'ils sont consignés dans un mémoire au roi : 1° les sujets étaient mêlés et tous les cadets n'étaient pas gentilshommes; 2° quand un cadet recevait des lettres pour aller servir dans un régiment où il ne connaissait personne, il y était mal reçu et restait sans secours; 3° les lieutenants-colonels et les capitaines préférant attirer dans leurs régiments leurs enfants ou parents pour y conserver les traditions, ne laissaient pas d'emplois vacants.

Si l'on en croit ce mémoire, ce dernier motif provoqua la réforme de l'œuvre de Louvois. La royauté n'était pas assez forte pour lutter contre ce népotisme mesquin, et ne pouvait assurer le bien

---

[1] La compagnie de Metz avait été transférée à Sarrelouis.

[2] M. de Montefranc ayant été nommé au gouvernement de Belfort, la compagnie de Valenciennes, qu'il commandait, fut transférée dans cette place le 9 octobre 1687.

[3] *Histoire de la Milice françoise*; Amsterdam, 1724, t. II, p. 307.

du pays avant la fortune personnelle de ceux qui doivent tout lui sacrifier. La grande idée de la patrie ne faisait pas alors vibrer les cœurs; la France était trop intimement liée à la royauté. Néanmoins, les services rendus et à rendre auraient dû primer toute considération. Lorsque les revers vinrent affliger la fin de son règne si brillant jusque-là, Louis XIV dut regretter amèrement d'avoir consenti à cette suppression. « Et, comme dit avec beaucoup de justesse Camille Rousset, tandis qu'une institution française disparaissait en France, délaissée par Louis XIV, on la retrouvait florissante sur la terre étrangère, en Hollande, transplantée par le prince d'Orange, et en Allemagne, par l'électeur de Brandebourg. »

Tout réussit à l'étranger plus aisément qu'en France. Nous avons de l'engouement et pas de persévérance. Comme en 1696, lorsqu'on supprima, en 1733, les compagnies dont nous allons nous occuper, il venait de s'établir en Russie une école de cadets, école qui subsiste encore aujourd'hui et servit de modèle à la fondation française de 1751.

(2de CRÉATION, 1726-1733.)

Craintes de guerre en 1726. — Claude Le Blanc. — Création de six compagnies de cadets. — Elles sont primitivement destinées à ne former que des officiers miliciens. — Inspecteurs et sous-inspecteurs des milices. — Composition des compagnies. — Conditions d'admission. — Uniforme. — Solde. — Les cadets passés en revue par les inspecteurs des troupes. — Les sous-lieutenances réservées aux cadets des compagnies. — Suppression dans les régiments des cadets portant mousquet. — Règlement sur le service des cadets dans les places. — Discipline. — Du Boschet. — Réforme de quatre compagnies le 20 mai 1729. — Personnel enseignant. — Incorporation de la compagnie de Strasbourg dans celle de Metz le 10 juin 1733. — Drapeau de cette compagnie. — Guerre de l'élection de Pologne. — Envoi de cadets dans les bataillons de milices. — Licenciement de la compagnie de Metz. — Réfutation du préambule de l'ordonnance. — Officiers généraux sortis de ces compagnies.

Le renvoi de l'Infante, la catastrophe de Thorn et surtout les traités d'alliance de Vienne et de Hanovre, avaient fait craindre un moment une conflagration générale. Le marquis de Breteuil, secrétaire d'État de la guerre, pour parer à toute éventualité, décida le roi à remettre les milices sur pied. Une ordonnance fut rendue à cet effet le 25 février 1726.

Breteuil quitta le ministère le 16 juin. Claude Le Blanc lui succéda. Il fit rétablir les compagnies de cadets le 16 décembre 1726[1].

Quoique l'on fût presque toujours en état de guerre depuis la suppression des anciennes compagnies de cadets, on reconnut qu'il ne s'était point formé d'officiers aussi capables que ceux qui y avaient été élevés; que la discipline militaire s'était affaiblie à force de faire la guerre, au lieu de se perfectionner, comme on l'eût pu croire. Dans l'art de la guerre comme dans les autres, la seule pratique sans principes ne suffit pas pour instruire les hommes d'une manière constante et solide. C'est ce qui avait porté Louvois à créer une pépinière d'officiers qui pussent être en état de remplir ses grandes vues; ce furent les mêmes considérations qui inspirèrent Le Blanc.

La paix assez longue dont jouissait alors l'Europe et qui ne laissait même pas pour s'instruire la ressource de la pratique, fit penser avec raison au ministre qu'il était important de se précautionner contre l'ignorance totale dont le corps d'officiers était menacé, si l'on ne prenait aucun soin d'instruire la jeune noblesse se destinant au métier des armes, qui sortait de sa province fort ignorante et souvent même sans aucune espèce d'instruction.

D'après le préambule de l'ordonnance du 16 décembre 1726, « pour l'establissement de six compagnies de cadets de cent gentilshommes chacune, » l'intention qui présida à cette restauration était seulement de procurer à la milice de bons officiers. Ce fut Le Blanc lui-même qui donna cette destination aux cadets. Les bureaux de la guerre avaient été plus larges et proposaient de pourvoir les cadets de toutes les places vacantes dans l'infanterie, la cavalerie et les dragons. Le ministre n'adopta pas cette proposition, et cela contribua à rendre le nouvel établissement plus éphémère que le premier.

Six compagnies furent créées et placées dans les citadelles de Cambrai, Metz, Strasbourg, Perpignan, Bayonne et au château de Caen. Chaque compagnie était commandée par un capitaine, un lieutenant et un sous-lieutenant. Ces officiers furent choisis: les capitaines, parmi les brigadiers des armées et les colonels; les lieutenants, parmi les capitaines réformés d'infanterie, et les

---

[1] Briquet, *Code militaire*; Paris, 1741, t. I, p. 317.

sous-lieutenants parmi les lieutenants réformés de cette arme. Le capitaine était en même temps inspecteur des milices, et le lieutenant, sous-inspecteur. Les sous-lieutenants n'avaient que le grade de lieutenant dans les bataillons de milices.

La compagnie se composait de 4 sergents, 6 caporaux, 6 anspessades, 82 fusiliers et 2 tambours. Les emplois de sergent furent donnés au début à des lieutenants d'infanterie réformés sans appointements; dans la suite, ils devaient être confiés aux cadets les plus capables de les tenir. Ces cadets pouvaient monter dans les compagnies jusqu'au grade de lieutenant.

Aucun cadet ne pouvait être admis sans faire la preuve de sa qualité de gentilhomme, au moyen d'un certificat délivré par quatre gentilshommes qualifiés et visé par l'intendant de la province. Pour les fils de capitaines et d'officiers supérieurs, un certificat d'activité ou de mort sous les drapeaux tenait lieu de cette preuve. L'âge d'admission était de quinze à vingt ans.

Il y avait dans chaque compagnie un aumônier, « propre à montrer à lire et à écrire aux cadets qui n'en seroient pas instruits; » un professeur de mathématiques, en même temps maître de dessin; un maître d'armes et un maître de danse.

En cas d'envoi des milices sur les frontières, les cadets devaient aller remplir les sous-lieutenances dans les bataillons. Au retour des milices dans les provinces, ils rentraient à la compagnie.

Les inspecteurs et sous-inspecteurs allaient faire les fonctions de leur emploi, lors de l'assemblée annuelle, qui ne durait que quelques jours. Une circulaire du 1er avril 1727 leur prescrivit de ne s'absenter des compagnies qu'à tour de rôle, pour ne pas les laisser sans chef. Les inspecteurs des milices furent supprimés en 1729.

L'habillement était fourni par le roi et consistait en un justaucorps de drap bleu, avec doublure écarlate et boutons de cuivre doré, une veste et une culotte écarlates, des bas rouges et un chapeau bordé d'un galon d'or fin [1].

---

[1] La solde était fixée, par mois, à 150 livres pour le capitaine; 90, pour le lieutenant; 45, pour le sous-lieutenant; 30, pour le sergent; 21, pour le caporal; 18, pour l'anspessade, et 15 pour le cadet ou le tambour. Cette solde ne devait subir aucune retenue.

Un état joint à l'ordonnance fixe le nombre de places de cadets réservées à chaque généralité ou province, et fait connaître sur quelles compagnies les cadets devaient être dirigés. Le recrutement régional fut adopté en cette circonstance, comme il l'était déjà pour les milices.

Une circulaire du 23 juillet 1728, adressée aux inspecteurs généraux, leur prescrivit de faire la revue des compagnies de cadets comme celle des autres troupes. Les cadets devaient manœuvrer devant eux.

Au point de vue spécial qui nous occupe, les inspecteurs se faisaient remettre par le capitaine un mémoire de la discipline intérieure qu'il avait établie dans sa compagnie. Ils vérifiaient l'emploi des fonds alloués pour l'établissement des cadets, s'assuraient des soins qui leur étaient donnés en cas de maladie et s'ils étaient commodément logés. Ils donnaient ensuite leur avis sur le tout.

On s'aperçut de la faute que l'on avait commise en ne destinant les cadets qu'à former des officiers miliciens. En effet, cette circulaire du 23 juillet 1728, qui est signée par Baüyn d'Angervilliers, prescrit aux inspecteurs de prévenir les colonels des régiments d'infanterie dont ils passaient la revue, et qui n'avaient plus de cadets portant le mousquet ni de lieutenants réformés, qu'ils ne devaient proposer aux sous-lieutenances vacantes que des jeunes gens faisant partie des compagnies de cadets. On se heurta ici à une résistance que l'on sut vaincre : celle de quelques colonels qui s'imaginaient que parce qu'ils avaient acheté leurs régiments, ils restaient maîtres despotiques des charges, sans avoir le moindre égard pour le bien du service.

Les colonels pouvaient demander directement aux capitaines des compagnies de cadets de leur désigner les sujets prêts à sortir. Ceux-ci avaient le choix du régiment où ils désiraient servir, pour qu'ils pussent se trouver avec des membres de leur famille ou des amis. S'il y avait dans les corps de troupe des cadets portant mousquet ou des lieutenants réformés sans appointements qui n'eussent pas vingt ans, les inspecteurs généraux en dressaient un tableau pour les faire entrer dans les compagnies de cadets, aucun cadet ne devant plus être reçu directement dans les troupes.

Une circulaire fut aussi adressée le 23 juillet 1728 aux capitaines des compagnies. Elle leur prescrivit d'envoyer au plus tôt un état des six cadets âgés de plus de dix-huit ans, reconnus les plus dignes d'être faits officiers. Semblable état devait être établi et adressé au secrétaire d'État de la guerre tous les six mois, en janvier et en juillet. Lorsqu'un colonel demandait de lui désigner des cadets à proposer pour l'épaulette, les capitaines n'en devaient pas signaler d'autres que ceux compris sur ces états semestriels, qui devaient contenir des notes sur le caractère des jeunes gens, et indiquer leur âge, ainsi que le domicile et la fortune des parents.

Les capitaines durent dresser aussi un état des cadets restés dans les compagnies jusqu'à l'âge de vingt-quatre ans sans montrer d'aptitudes au service militaire, le roi étant dans l'intention de les rendre à leurs familles. Si un cadet manifestait le désir de se retirer, les capitaines en avertissaient immédiatement le secrétaire d'Etat de la guerre, pour qu'il ne lui fût pas donné d'emploi dans les troupes.

Les premiers états furent promptement dressés : le 12 août, le ministre envoyait aux inspecteurs ceux des compagnies de Metz, Caen, Strasbourg et Bayonne, en les invitant à les communiquer aux colonels.

Du Boschet, qui commandait la compagnie de Metz, « homme sage, de bon esprit et très entendu, » avait mis sa compagnie sur un excellent pied ; elle était « disciplinée et conduite mieux qu'aucune autre. » Le Blanc l'appela pour travailler à l'ordonnance « portant règlement sur le service que doivent faire les compagnies de cadets-gentilshommes dans les places. » Cette ordonnance est du 2 août 1728[1]. Du Boschet en fournit le fond, et Alexandre, un des premiers commis de la guerre, la rédigea. Nous allons examiner en détail cet important document.

Les gouverneurs des citadelles et places où les compagnies étaient entretenues ne pouvaient se mêler en rien de leur discipline intérieure ; elle ne regardait que les officiers des cadets.

Les officiers, sergents et gentilshommes ne pouvaient décou-

---

[1] Briquet, t. I, p. 322 et 328.

cher à moins de nécessité; en ce cas, il fallait l'autorisation du capitaine, qui devait en avertir le gouverneur de la place; celui-ci devait aussi être prévenu de l'absence du capitaine, si elle devait durer plus de vingt-quatre heures.

La compagnie faisait le service des postes séparément des autres troupes de la garnison, dont elle prenait la droite, et à distance, lorsqu'elles étaient assemblées ensemble. Les postes confiés aux cadets devaient être les moins importants et ceux qui nécessitaient le moins de monde. Comme ils ne faisaient ce service que pour contribuer à leur instruction, les gentilshommes exécutaient en tous points les dispositions prescrites par les ordonnances sur le service des places. Parmi les officiers, les sous-lieutenants seuls pouvaient monter la garde, sur l'ordre du capitaine. Les tambours des compagnies de cadets battaient la marche des mousquetaires de la garde du roi.

Les cadets étaient dispensés de faire des rondes dans la place, à moins que, pour leur instruction, le capitaine ne leur ordonnât d'accompagner celles faites par les officiers de la garnison. Ils ne devaient aussi faire de patrouilles qu'autour de leurs casernes, pour s'assurer qu'il ne s'absentait personne après l'appel du soir.

Il fut établi une prison spéciale pour les cadets. Les gouverneurs devaient être prévenus de l'entrée et de la sortie des prisonniers. Toutefois les geôliers de ces prisons ne devaient recevoir d'ordre d'incarcération ou de mise en liberté que du commandant de la compagnie. Si les cadets causaient du désordre, le gouverneur les faisait arrêter et prévenait leur capitaine, qui les emmenait et leur infligeait la punition qu'ils avaient méritée; lui seul avait le droit de les punir.

Cette ordonnance donne rang de capitaine en pied d'infanterie aux lieutenants des cadets, et aux sous-lieutenants celui de lieutenant; ils étaient néanmoins susceptibles d'obtenir des grades supérieurs. Les sergents avaient rang de sous-lieutenant, à moins qu'ils n'eussent un grade plus élevé ou ne l'obtinssent par la suite. Les soldats de la garnison donnaient aux cadets le salut dû aux officiers.

Le lieutenant général comte d'Aubigné passa en revue la compagnie de Metz le 23 septembre 1728. Il en rendit compte le lendemain en ces termes à d'Angervilliers, successeur de Le

Blanc au ministère de la guerre, par une lettre datée de Metz, le 24 septembre 1728 :

« Je fis hier, Monsieur, la revue de la compagnie des cadets qui est dans cette citadelle. Je n'ai point l'honneur de vous en envoyer l'état détaillé, parce qu'elle est complète, et vous avez les noms des gentilshommes qui la composent; mais je dois avoir l'honneur de vous dire que je fus parfaitement content de la façon dont je leur vis faire le maniement des armes et les évolutions et manœuvres de guerre, que leur petit nombre et le peu de terrain qu'ils ont pour s'exercer leur permet de faire; il n'y a nulle troupe qui s'en acquitte mieux et de meilleure grâce; cela est dû aux soins et à l'application que se donnent les officiers de cette compagnie, et particulièrement M. du Boschet qui en est le capitaine, dont je ne peux dire trop de bien; il n'est pas possible de rien ajouter à l'attention perpétuelle qu'il a, non seulement à leur faire profiter des instructions nécessaires pour le métier auquel ils sont généralement destinés, mais encore à leur inspirer les sentiments d'honneur et de probité qui conviennent à des gentilshommes, à leur faire connoître ce que c'est que le monde, à leur apprendre comment on y vit; et en un mot, il n'est occupé depuis le matin jusqu'au soir que de tout ce qui en peut faire d'honnêtes gens et de bons officiers, et cela sans pédanterie; je ne crois pas qu'on en pust jamais trouver un qui eust plus généralement et les talens et la capacité nécessaires pour conduire et élever une pareille jeunesse; aussi celle dont il est chargé fait l'admiration de tous ceux qui la voyent, et, en effet, sa compagnie vit dans une sagesse et dans une règle admirable; si toutes les compagnies de cadets étoient aussi bien commandées que celle-ci, il n'y auroit en nul endroit d'aussi bonnes écoles pour la noblesse. Les officiers sont de fort honnêtes gens, très sages, et secondent à merveille les soins du capitaine; mais en vérité, ni lui ni eux n'ont pas assez de quoi vivre des appointemens qu'on leur donne; ils sont obligés sur le peu qu'ils ont de se meubler; ils ont d'autres frais, au moyen de quoi ils se trouvent réduits à fort peu de chose; il n'est pas séant cependant que ceux qui commandent ces compagnies soient obligés de vivre à l'auberge, et surtout les capitaines, et il seroit même convenable que celui-ci au moins fût en état de pouvoir donner de tems en tems à manger à quelques cadets; cela les accoutume avec lui et les en approche bien davantage; je dis plus, ce devroit être une récompense pour un cadet dont on seroit fort content, de manger avec son capitaine. »

Le comte d'Aubigné termine en demandant des grâces (récompenses) pour du Boschet, qui obtint une pension de 1200 livres le 10 octobre suivant.

Le 16 octobre, d'Angervilliers annonça à du Boschet la grâce que le roi lui avait accordée. « Vous avez mis, dit-il en terminant, cette compagnie sur un si bon pied, que je crois ne pouvoir mieux faire que de régler sur elle le service intérieur des autres. Je vous prie pour cet effet de m'envoyer un mémoire qui contienne la manière dont vous avez partagé le temps des cadets, tant pour leurs exercices que pour leurs leçons, l'ordre que vous avez établi pour leur ménage, pour leur dépense et pour leur entretien; vous y joindrez aussy, s'il vous plaist, un état des retenues qui se font sur leur paye pour leurs besoins, comme leur blanchissage, etc., et marquerez à quelle somme à peu près cette retenue peut monter par an, en y comprenant généralement tout ce qui se retient sur les 10 sols de leur paye, et vous me manderez ce que vous pensez, non seulement pour leur habillement général, quand il sera temps d'en faire un, mais aussy sur l'habillement des cadets qui entreront dans la compagnie d'un habillement à l'autre; en un mot, vous pourrez me mander tout ce que vous estimerez nécessaire pour qu'il n'y ait rien à désirer de tout ce qui peut perfectionner cet établissement. »

L'entretien des six compagnies coûtait au Trésor royal 177,488 livres par an.

Le 20 mai 1729, quatre compagnies furent réformées. On conserva celles de Metz et de Strasbourg à cause des écoles d'artillerie qui existaient dans ces places, et on les porta à 300 cadets chacune par l'incorporation des autres compagnies. Metz reçut Caen et Cambrai; Bayonne et Perpignan furent versées dans Strasbourg.

Chaque compagnie, commandée par un capitaine, 2 lieutenants et 2 sous-lieutenants, fut dès lors composée de 12 sergents, 18 caporaux, 18 anspessades et 252 gentilshommes plus 6 tambours.

Le nombre des professeurs et maîtres est augmenté. Le personnel enseignant comprend deux professeurs de mathématiques, un professeur d'allemand et un adjoint, un maître de dessin, un maître d'armes et un prévôt, un maître de danse et un aide.

La solde des officiers est doublée. Elle reste la même pour les sergents, caporaux, anspessades, cadets et tambours.

Des pensions furent accordées aux officiers des compagnies licenciées. La date à laquelle elles ont été concédées (23 avril 1729) porte à croire que la fusion des compagnies avait été opérée avant l'ordonnance qui la prescrivit. Ces pensions varièrent selon l'ancienneté des services et le grade des officiers. Il fut, en outre, alloué à trois des capitaines une gratification de 800 livres, pour les dédommager des dépenses qu'ils avaient dû faire pour rejoindre leurs compagnies; d'Aigremont, qui était déjà établi à Caen, en fut excepté.

Diminuer la dépense d'entretien; éviter des frais d'aménagement pour deux de ces compagnies, frais assez considérables puisqu'ils se montaient, par approximation, à plus de 45,000 livres; facilité plus grande pour trouver de bons instructeurs; plus d'uniformité dans l'instruction; enfin, vu le grand nombre d'élèves, plus d'habitude des manœuvres d'ensemble, tels furent les motifs de ce changement. Pour réaliser plus complètement encore ces desiderata, les bureaux de la guerre avaient même proposé, dès le mois de décembre 1728, de réunir les six compagnies en une seule.

Nous avons dit qu'une des raisons de la réunion de quatre des compagnies aux deux autres était d'éviter des frais d'aménagement. A Caen, l'établissement était situé au bord de marais qui l'été causaient des maladies. Pendant le temps que durait la foire, on était contraint de faire sortir les canons et les affûts de l'arsenal du château, pour avoir plus de place à donner aux cadets. On se voyait alors dans l'obligation de supprimer cette compagnie ou de construire un bâtiment neuf.

La compagnie de Perpignan se trouvait aussi dans de mauvaises conditions de salubrité. Les cadets étaient obligés de faire la cuisine dans leurs chambres; cela joint au mauvais air de la citadelle avait donné naissance à de nombreuses maladies pendant les chaleurs. On proposait, en conséquence, de faire construire des cuisines, de nettoyer les fossés et de leur donner une pente permettant aux immondices de s'écouler et enfin de bâtir des salles d'exercices qui manquaient.

Quant à la compagnie de Strasbourg, elle était bien installée, mais le mauvais air de la citadelle avait, comme à Caen et à Perpignan, occasionné des maladies. Toutefois, l'école d'artillerie qui se trouvait dans cette place empêchait de songer à changer la compagnie de garnison.

La compagnie de Strasbourg fut incorporée dans celle de Metz par ordonnance du 10 juin 1732[1]. Celle-ci comprend dès lors 600 cadets, commandés par un capitaine, un lieutenant et 7 sous-lieutenants, dont un faisait les fonctions d'aide-major. Elle se compose de 24 sergents, 36 caporaux, 36 anspessades, 504 cadets et 12 tambours.

Le personnel enseignant est porté à deux aumôniers, toujours chargés d'apprendre à lire et à écrire, trois professeurs de mathématiques, deux d'allemand et deux adjoints, trois maîtres de dessin, qui devaient, en outre, enseigner les premières règles de l'arithmétique, deux maîtres d'armes et deux prévôts, deux maîtres de danse et deux aides.

La solde reste la même, sauf celle du lieutenant, portée à 2,400 livres, et du sergent, qui reçoit 540 livres par an.

Un drapeau fut donné à la compagnie. Il était blanc, semé de fleurs de lys d'or sans nombre, avec les armes du roi au milieu et sa devise sur le revers. Le drapeau était porté par le premier caporal de la compagnie, laquelle devient dès lors corps de troupe.

Sur ces entrefaites était arrivée la grosse affaire de l'élection du roi de Pologne, le 10 mai 1733. Les milices furent convoquées en assemblée; les bataillons reçurent peu après l'ordre de tenir garnison dans les places frontières, et, en exécution de l'ordonnance de création des compagnies, les cadets allèrent y remplir les sous-lieutenances. L'ordonnance du 10 mai 1733 en fixa le nombre à six par compagnie. Il fut délivré des lettres d'officier à 229 cadets, le 1er juin; 187 en reçurent le 20 juillet;

---

[1] Briquet, t. I, p. 335.

enfin, 6 le 16 septembre, et 6 le 25 du même mois; ce qui fait un total de 338 cadets sortis en trois mois. Il ne fut plus ensuite délivré de ces commissions; un bataillon de milices, en effet, eut ordre de marcher au mois de novembre, et aucun cadet n'y fut envoyé.

Un certain nombre de cadets avaient déjà reçu d'autres destinations. Une ordonnance du 1er novembre 1732 ayant créé des places de troisième officier dans quelques régiments de cavalerie et de dragons et des cornettes dans les corps qui n'en avaient pas, ces places furent données à des lieutenants réformés en état de servir, et le surplus aux cadets. Le 8 février 1733, on établit encore 4 nouveaux officiers dans les régiments de cavalerie et de dragons à trois escadrons, et 2 dans chaque brigade de carabiniers et les corps de cavalerie à deux escadrons, à donner comme les emplois créés l'année précédente.

La guerre avait été déclarée à l'Empereur le 10 octobre 1733; Berwick passa le Rhin; en Italie, Villars et le roi de Sardaigne s'emparèrent de Pavie et de Pizzighitone; ce fut le moment que l'on choisit pour licencier la dernière compagnie de cadets. On retombait dans une faute déjà commise.

Le prétexte que l'on prit pour cette suppression est le dernier dont on eût dû se servir : l'institution n'était plus nécessaire pendant la guerre. C'était, au contraire, le moment où elle devenait plus utile, pour permettre de remplacer par des jeunes gens instruits les officiers tombés sous le feu ou le fer de l'ennemi, surtout à une époque où les guerres duraient des années. On se trouva dans la même situation sous le premier Empire : une longue guerre à soutenir et des finances épuisées; pourtant l'École de Saint-Cyr subsista; seulement, comme on avait grand besoin de monde, on y restait peu de temps.

La compagnie de Metz fut donc licenciée, par ordonnance du 22 décembre 1733 [1], et l'on rendit les cadets à leurs familles. Ceux d'entre eux qui désirèrent obtenir des emplois dans les troupes n'eurent qu'à en faire la demande par l'intermédiaire des intendants de leurs provinces.

Les sergents et les officiers obtinrent des pensions en considé-

---

[1] BRIQUET, t. I, p. 339.

ration de leurs services. Du Boschet eut 1,500 livres; de Birague, le lieutenant, 800 livres; chacun des sous-lieutenants, 400 livres; les sergents reçurent 200 livres et des places dans les troupes. Les professeurs, les maîtres et le chirurgien-major touchèrent chacun une gratification, une fois payée, de trois mois d'appointements. Pour permettre aux cadets de s'en retourner chez eux, le roi leur accorda, suivant la distance qu'ils avaient à parcourir, une gratification d'un, de deux et même de trois mois de solde.

Le licenciement eut lieu le 31 décembre 1733, par les soins du duc de Belle-Isle, alors lieutenant général, gouverneur général et commandant au pays messin.

Ces compagnies de cadets-gentilshommes rendirent des services et formèrent d'excellents officiers-majors qui furent fort utiles pendant les guerres de la succession d'Autriche et de Sept ans. Des officiers généraux, quelques-uns de mérite, commencèrent à servir dans leurs rangs. Citons seulement, parmi les lieutenants généraux : le prince Louis de Bauffremont, le comte de Guibert, mort gouverneur des Invalides, le comte Emmanuel de Saint-Mauris, le comte du Rosel de Beaumanoir et le marquis de Toustain d'Escrennes.

L'ÉCOLE MILITAIRE DE PARIS

(1751-1776)

I.

Fondation de l'École. — Pâris du Verney et Mme de Pompadour. — But de la création de l'École. — Conditions d'admission. — Preuves de noblesse. — Dispenses. — Répartition des élèves dans les troupes. — Elèves se destinant à la carrière diplomatique. — Pension de 200 livres; gratifications extraordinaires. — Croix de Saint-Lazare.

L'École militaire de Paris fut créée sous le ministère du comte d'Argenson, par édit donné à Versailles au mois de janvier 1751 et enregistré au Parlement le 22 du même mois.

L'idée première de l'institution appartient à Antoine Pâris. Elle fut reprise par son frère Pâris du Verney, qui mit tout en œuvre pour vaincre les résistances du roi. Ce n'était pas que Louis XV fût opposé à la création d'une école militaire; mais il ne voulait y donner son consentement qu'à la condition de n'employer aucun fonds extraordinaire pour les bâtiments et l'ameublement. Il désirait aussi que les dispositions à prendre au point de vue de la dotation, assurassent la stabilité de l'institution, c'est-à-dire qu'il ne voulait plus d'établissements éphémères comme les précédentes compagnies de cadets.

Pâris du Verney, qui fut l'ami de toutes les favorites de Louis XV, avait su rallier à son projet Mme de Pompadour, alors en pleine possession de la faveur royale. La correspondance[1] échangée à ce sujet entre la marquise et le célèbre financier est fort curieuse; elle montre les obstacles qu'il fallut vaincre. Ces obstacles à peine aplanis renaissaient sans cesse, à tel point

[1] Cette correspondance se trouve aux Archives nationales.

que, malgré le consentement verbal du roi, la marquise ne se pensait pas assurée du succès. Elle écrivait à du Verney, le 19 novembre 1750 : « J'ai été dans l'enchantement de voir le roi entrer dans le détail tantôt. Je brûle de voir la chose publique, parce qu'à présent il ne sera plus possible de la rompre; je compte sur votre éloquence pour séduire M. de Machault[1], quoique je le croie trop attaché au roi pour s'opposer à sa gloire. Enfin, mon cher Duverney, je compte sur votre vigilance pour que l'univers en soit bientôt instruit. »

Cependant, Mme de Pompadour dut attendre deux mois encore avant que ce qu'elle considérait comme son œuvre vît le jour officiellement ; car le plan qui s'élaborait n'était plus un secret. « Le projet d'une école militaire, écrivait du Verney, est connu de toute la France, et, on peut le dire, des étrangers même, puisque la *Gazette d'Utrecht* en a fait mention. » Mais, pour arriver à la rédaction définitive de l'édit, le projet dut passer successivement par les mains et recevoir les corrections du secrétaire d'État de la guerre, du marquis de Puysieux, ministre des affaires étrangères, du président Hénault, du premier président de Maupeou, etc.

L'équité impose le devoir de rendre à Pâris du Verney l'honneur et la gloire qui lui appartiennent. La correspondance de du Verney et de Mme de Pompadour détruit l'assertion des historiens qui attribuent cette fondation à la favorite seule. Certes, elle y a contribué, elle a puissamment aidé son ami, mais « aussitôt qu'on arrive aux grandes difficultés d'exécution, cette affaire sort du boudoir et se traite principalement entre du Verney, le ministre d'Argenson et le premier président du Parlement, de Maupeou. Du Verney est toujours sur la brèche, et il s'y maintient avec une admirable fermeté[2]. »

On ne pourrait également affirmer que la pensée dominante chez la marquise de Pompadour fût exclusivement de contribuer à la gloire du roi. C'est pour elle-même que la favorite embrassa avec tant de zèle la cause de la noblesse pauvre. La mai-

---

[1] Jean-Baptiste de Machault d'Arnouville, ministre d'Etat, garde des sceaux et contrôleur général des finances.

[2] De Montzey, *Institutions d'éducation militaire jusqu'en* 1789; Paris, 1866, p. 171.

son de Saint-Cyr et Mme de Maintenon devaient parfois la hanter dans ses rêves. La marquise était égoïste et orgueilleuse. Les « chère amie » de la grande Marie-Thérèse d'Autriche ne nous ont-ils pas valu la guerre de Sept ans ?

Une institution contribua beaucoup à la création et surtout inspira la règlementation de l'Ecole militaire : ce fut l'*Hôtel des gentilshommes de Bretagne*. Entretenue aux frais des États de la province, cette institution était destinée à l'éducation gratuite de cinquante pauvres gentilshommes bretons[1]. Ses règlements, approuvés par lettres patentes du 30 juillet 1749, étaient à peu près semblables à ceux donnés à l'École militaire. A leur sortie de l'Hôtel, les élèves recevaient des États, pendant la première année qu'ils étaient placés dans le militaire ou l'église, une pension de 400 livres, pension réduite à 200 livres durant les autres années et acquittée jusqu'à l'obtention de grades ou de bénéfices permettant au titulaire de se soutenir soi-même. Cinquante anciens élèves de cette école avaient déjà été placés, lorsqu'en 1777, les États de Bretagne obtinrent l'assurance qu'il serait réservé annuellement à leurs pupilles deux places dans l'infanterie et deux dans la marine.

L'École militaire fut créée pour venir en aide à la noblesse pauvre et assurer le bon recrutement des officiers. « Nous espérons même, porte l'édit, que l'utilité de cet établissement, qui semble n'avoir pour objet qu'une partie de la noblesse, pourra se communiquer au corps entier, et que le plan qui sera suivi dans l'éducation des cinq cents gentilshommes que nous adoptons, servira de modèle aux pères qui sont en état de la procurer à leurs enfants[2]. » Cette idée, le comte de Saint-Germain la reprendra ; il en fera une réalité, lorsqu'il accordera l'entrée des écoles militaires à des jeunes gens payant pension.

---

[1] Les preuves de noblesse étaient les mêmes que celles exigées pour l'entrée aux États : 100 ans de noblesse et 3 partages nobles. Deux gentilshommes de chaque évêché et les évêques diocésains vérifiaient les preuves. Ils soumettaient leur travail pour l'examiner aux commissaires de Rennes qui avaient l'administration de l'école. Enfin, ces commissaires rendaient compte aux États assemblés de la réception des sujets.

[2] Les ordonnances citées dans cette étude ont été tirées d'un livre officiel, intitulé : *Recueil des édits, déclarations, ordonnances, arrêts et règlements concernant l'Ecole royale militaire.*

L'École devait servir de contre-partie à l'institution des Invalides. « Sire, avait dit Mme de Pompadour, cette jeune école sera le berceau de la gloire placée à côté de l'Hôtel des Invalides qui en est la retraite et le tombeau. »

« Le double but de cette École est de récompenser les services des pères en rendant les enfants dignes de leur succéder. Elle est placée auprès de l'Hôtel des Invalides comme pour ranimer nos anciens guerriers et égayer la fin de leur carrière par la vue consolante de ces jeunes élèves, leur espérance et la nôtre[1]. »

L'établissement est destiné à l'éducation de cinq cents gentilshommes pauvres, de préférence fils ou petits-fils d'officiers; l'âge d'admission fixé de huit ans révolus à onze ans non sonnés. Les orphelins peuvent être reçus jusqu'à treize ans. Tous les candidats doivent être bien conformés et savoir lire et écrire. S'il arrivait qu'un accident quelconque, survenu à un élève pendant le cours de ses études, ne lui permît plus de le destiner à l'état militaire, il demeurait néanmoins à l'École, le roi se réservant de lui confier un emploi en rapport avec sa situation corporelle.

Pour entrer à l'Ecole il est indispensable de justifier, par titres originaux[2], de quatre générations de noblesse, y compris le candidat, mais du côté paternel seulement. Cette justification se faisait devant d'Hozier de Serigny, juge d'armes de la noblesse de France, nommé à cet effet *commissaire du roi pour certifier la noblesse des élèves*. Cette condition était déclarée indispensable; cependant, il y eut des exceptions motivées par les services du père. Quelques jeunes gens furent dispensés de justifier du quatrième degré de noblesse. Les frais de constatation de la noblesse des élèves étaient payés sur les fonds de l'École, à raison de 200 livres par certificat.

De dix-huit à vingt ans, — plus tôt si le degré de leur instruction le permet, mais pas avant seize ans, — les élèves sont admis dans la marine ou dans les troupes en qualité d'officiers. Les plus avancés en mathématiques et dans les autres sciences

---

[1] *Etat militaire*, 1758.
[2] Déclaration royale du 24 août 1760.

relatives aux fortifications sont envoyés à l'Ecole du génie à Mézières ; on les y reçoit en qualité d'ingénieurs après avoir satisfait aux examens requis. Ceux qui montrent du goût pour l'artillerie entrent comme sous-lieutenants dans le corps royal[1]. Ils sont exempts de passer par l'Ecole des Elèves[2] ; néanmoins ils doivent subir à La Fère un examen constatant leur aptitude. Les autres élèves étaient répartis dans les régiments d'infanterie, de cavalerie et de dragons[3].

Quelques-uns même entrèrent dans les gardes du corps. C'étaient les plus beaux hommes ou les plus jolis garçons. A l'époque de leur sortie de l'Ecole, on les présentait au roi, généralement le dimanche après la messe. Ceux que le souverain agréait étaient dès lors inscrits sur les contrôles de la maison militaire. Il en fut aussi admis dans les gardes françaises, les mousquetaires, les gendarmes, les chevau-légers de la garde ordinaire du roi, et plus tard dans les corps de la maison des princes.

Les lettres d'officier étaient expédiées au titre des régiments, mais adressées au gouverneur de l'Ecole. Les élèves y étaient reçus en qualité d'officiers devant leurs condisciples[4]. Pour sortir de l'Ecole, il fallait un ordre du roi ; le brevet d'officier ne pouvait en tenir lieu.

L'ordre de sortie étant parvenu à l'Hôtel, les nouveaux officiers avaient le choix entre deux manières de rejoindre leurs corps : les routes de la cour ou les voitures ordinaires. Pour obtenir les premières, il suffisait de les demander au secrétariat de la Guerre qui les envoyait au gouverneur de l'Ecole chargé de

---

[1] Le corps royal de l'artillerie était alors classé parmi les régiments d'infanterie où il occupait le 64e rang.

[2] L'Ecole des élèves d'artillerie était établie à La Fère et destinée aux progrès de l'instruction des sujets reçus dans le corps. Les élèves d'artillerie formaient une compagnie de 50 hommes, avaient rang de sous-lieutenant et recevaient une solde mensuelle de 40 livres. On y suivait des cours de dessin et d'artillerie théorique et pratique.

A la fin de chaque année, les élèves subissaient un examen ; s'ils satisfaisaient aux épreuves, ils étaient admis définitivement dans le corps de l'artillerie.

[3] Ordonnance du 30 janvier 1761.

[4] Afin d'exciter l'émulation, les anciens élèves nommés chevaliers de Saint-Louis étaient également reçus en cette qualité par le gouverneur de l'Ecole.

les remettre aux titulaires ; c'était rejoindre par étapes. Celui qui préférait les diligences et voitures ordinaires, ou à qui ses moyens le permettaient, devait se munir d'argent pour ses frais de voyage et son équipage ; il n'était rien alloué aux élèves sortants. Les premiers qui quittèrent l'École, — c'était pendant la guerre de Sept ans, — reçurent une gratification, que l'on pourrait qualifier « d'entrée en campagne » ; elle fut, en effet, supprimée à la paix.

Au début, les colonels proposèrent l'admission dans leurs régiments d'élèves prêts à sortir. Cela suffit pour les besoins des premières années. Mais lorsque le nombre des jeunes gens à placer se fut augmenté, — 28 en 1767, par exemple, — on retint des vacances. Par ordre du roi, les régiments durent à tour de rôle recevoir des élèves de l'École [1].

On « attachait » ceux-ci, à défaut de vacances, à des régiments ; les premiers emplois libres leur revenaient de droit. Dans leurs corps respectifs, les officiers sortis de l'Ecole prenaient rang sur leurs collègues nommés en même temps qu'eux et ne comptant pas de services antérieurs. On tirait au sort pour fixer le rang des officiers à commission de même date.

Tous les élèves de l'Ecole ne suivirent pas la carrière militaire. « J'ai reçu, Messieurs, la lettre que vous m'avez fait l'honneur de m'écrire le 15 du mois passé, avec le mémoire qui l'accompagnait. J'adopte avec empressement le plan qui en fait le sujet, et qui tend à former aux négociations ceux des élèves de l'Ecole militaire que leur goût porte vers le genre de connaissances nécessaires dans cette carrière, et qui annoncent les qualités qu'il faut pour y réussir. Vous me trouverez toujours disposé à entrer dans des vues aussi sages et aussi utiles au service du roi [2]. »

Dans le reste de la lettre, il s'agit d'un élève, alors étudiant à l'Université de Strasbourg, qui devait passer à Ratisbonne pour y apprendre, aux frais de l'École, le droit public de l'empire

[1] Tous les corps de troupe n'en reçurent pas. Le régiment d'infanterie du Roi, corps privilégié, n'en avait encore eu qu'un en 1768. La reine plaçait ses pages dans ses régiments ; le comte de Tavannes, colonel du régiment d'infanterie de la reine, demanda et obtint qu'il serait exempt de recevoir des élèves de l'Ecole.

[2] Choiseul au Conseil d'administration, 16 juillet 1767.

germanique [1]. Le duc de Choiseul accepta la proposition qui lui était faite [2]. Il donna à ce jeune homme une commission de sous-lieutenant sans appointements à la suite d'un régiment; il la donnait, disait-il, pour lui assurer à tout événement un état et un rang dans les troupes. Le principe fut dès lors admis; deux élèves de l'École allèrent remplacer leur camarade à l'Université de Strasbourg.

Afin de permettre aux nouveaux officiers de se soutenir au service, l'édit de janvier 1751 leur alloue, à la sortie, une pension de 200 livres sur les fonds de l'École [3]. Cette pension n'est payée que sur la production d'un certificat mentionnant que l'officier est en vie, qu'il sert au régiment en telle qualité et qu'il s'y comporte bien ou mal. Un retard dans le payement de la pension, même sa suppression totale, punissent la mauvaise conduite. Toutes les pensions se payaient à Paris [4].

Une ordonnance du 28 octobre 1769 maintint ces dispositions. Elle décida, en outre, la remise de la pension lorsque l'officier aurait atteint un traitement de 1200 livres, ou s'il se retirait volontairement du service.

Les élèves devaient aussi recevoir une marque distinctive qui leur remît « sans cesse devant les yeux les obligations qu'ils auront contractées envers le roi et l'État, et les portât, par ce souvenir, à donner l'exemple aux autres. » Ce fut la croix de minorité des ordres royaux, hospitaliers-militaires de Notre-Dame du Mont-Carmel et de Saint-Lazare de Jérusalem [5].

---

[1] Cet élève était Jean-François de Bourgoing du Vernay qui fut ministre plénipotentiaire en Espagne de 1791 à 1793, et à Copenhague, Stockholm et Dresde, durant le Consulat et l'Empire. Historien, traducteur et l'un des collaborateurs de la *Biographie Michaud*. Décédé à Carlsbad en 1811.

[2] Une pension annuelle de 2,400 livres, payée sur les fonds de l'Ecole, fut accordée pour subvenir aux frais de l'entretien et de la subsistance à Ratisbonne.

[3] Outre la pension, des gratifications une fois données, variant de 200 à 300 livres, furent accordées sur les fonds de l'Ecole aux anciens élèves nécessiteux.

Une décision du 12 août 1775, octroya une gratification de 500 livres aux élèves que l'on placerait dans les régiments servant aux colonies.

[4] Décision du Conseil d'administration, 18 mai 1761.

[5] La croix se portait à la boutonnière, suspendue à un ruban amaranthe. Elle était « d'or, à huit rais, cantonnée de quatre fleurs de lis, d'un côté émail-

A la perte de la pension et de la croix pour l'officier sorti de l'École, qui cessait de servir par démission, — par « abandonnement », comme on disait alors, — il y eut des exceptions. Elles furent motivées par la conduite tenue à l'École et au régiment, ou sur les circonstances qui forçaient à se retirer. C'était une violation des ordonnances; pour la couvrir, on attachait l'officier à son régiment en le plaçant à la suite sans appointements. Cette décision le maintenait au service, elle parait à toute critique.

II.

Emplacement des bâtiments. — Champ-de-Mars. — Garde de l'Ecole. — Construction de l'hôtel. — Gabriel. — Manège. — D'Auvergne. — Ressources pécuniaires de la fondation. — Droit sur les cartes à jouer. — Emprunts. — Loterie. — Chapelle; biens y affectés.

On choisit la plaine de Grenelle comme emplacement du bâtiment. Selon les dispositions de l'édit, il reçut le nom d'Hôtel de l'École royale militaire. Le terrain coûta 277,860 livres, par contrat de vente passé par devant notaires, le 20 juin 1751. En 1753, la seigneurie de Grenelle fut acquise de l'abbaye de Sainte-Geneviève, moyennant une somme de 76,191 livres, tous frais compris. L'Hôtel devint dès lors seigneur du lieu. Il était représenté en cette qualité aux assemblées locales par un membre du Conseil d'administration de l'École : vestige de la féodalité qui

---

lée d'amaranthe avec l'image de la sainte Vierge au milieu, et de l'autre émaillée de sinople avec l'image de saint Lazare. » (GAUTIER DE SIBERT, *Histoire des ordres R. H.-M. de Notre-Dame du Mont-Carmel et de Saint-Lazare de Jérusalem*; Paris, 1872, p. 375.)

Les officiers sortis de l'Ecole devaient porter cette croix toute leur vie. Ceux qui se retiraient volontairement du service étaient contraints de renvoyer leur croix; on les rayait des contrôles. (Ordonnance du 4 mars 1761).

Le nombre des membres de ces ordres fut fixé à cent par le règlement du 15 juin 1757, qui, en outre, décida que l'on ne pourrait en être reçu chevalier qu'à 30 ans révolus. Ces dispositions ne furent pas appliquées aux élèves de l'Ecole militaire; ils continuèrent de porter la croix de chevalier-novice sans avoir l'âge prescrit et sans compter dans le nombre des cent chevaliers. A trente ans, ils pouvaient, avec l'autorisation du grand-maître, porter la grande croix et le cordon.

Un règlement rendu par le comte de Provence avec l'approbation du roi, le 18 avril 1774, surmonta la croix d'une couronne royale; les chevaliers-novices durent cependant conserver l'ancien modèle de la décoration.

lui coûtait 24,000 livres par an, en aumônes aux pauvres du canton.

Des maraîchers occupaient l'immense emplacement qui s'étendait devant les nouveaux bâtiments. En 1770, on y traça un parallélogramme de 1,000 mètres de longueur sur 500 de largeur pour les exercices des élèves. C'est alors qu'il prit son nom de Champ-de-Mars [1].

La garde intérieure de l'Hôtel fut confiée à une compagnie de bas-officiers invalides, composée de 1 capitaine, 1 capitaine en second faisant fonctions de lieutenant, 2 sergents, 2 caporaux, 2 anspessades, 43 fusiliers et 2 tambours [2], placée sous les ordres directs du gouverneur de l'École, aux frais de laquelle elle était entretenue. Sa solde était payée partie sur l'extraordinaire des guerres, partie sur les fonds de l'Ecole. La compagnie d'invalides [3] devait entrer en solde le 1er octobre 1753; elle fut installée le 30 au château de Vincennes; elle passa à Paris, en 1756, avec les élèves et fut casernée au parc de Vaugirard. Un détachement de 4 sergents, 4 caporaux et 80 fusiliers était chargé de la garde extérieure et fournissait à cet effet 22 hommes par jour [4].

Les plans des bâtiments furent dressés par le premier architecte du roi, Gabriel, qui reçut mission de les édifier. Les travaux furent poussés avec activité; les 80 élèves dont se composait alors l'École, quittèrent au mois de juillet 1756 le château de Vincennes et vinrent s'installer dans les nouveaux bâtiments. Toutefois, l'Hôtel ne fut complètement achevé qu'en

---

[1] « Le Champ-de-Mars attenant à l'Ecole militaire, du côté de la rivière, est un nouvel emplacement construit par ordre du roi. C'est un grand espace de terrain que l'on a aplani, qui forme un carré long et renfermé par de grands et larges fossés, revêtus d'une belle maçonnerie. Pour y donner accès, on a pratiqué des ponts de pierre et cinq grilles de fer... Il peut contenir 10,000 hommes en bataille. » (HURTAUT, *Dictionnaire historique de la ville de Paris et de ses environs*; Paris, 1779.)

[2] Ordonnance du 3 juillet 1753.

[3] C'était la 150e compagnie, devenue 74e par l'ordonnance du 26 février 1764.

Une ordonnance du 30 décembre 1757 augmenta la compagnie de 17 hommes, dont 1 sergent, 1 caporal et 1 anspessade.

[4] L'Ecole payait un supplément de solde de 6 sous par jour au sergent, 2 sous 4 deniers au caporal et 1 sou 4 deniers au fusilier.

1764. Il coûta 4,467,048 livres 7 sous 4 deniers, dont 1,280,211 livres 18 sous 5 deniers seulement payés sur les fonds de l'École. Sur l'ordre de Louis XV, le reliquat fut acquitté par le trésor royal et au moyen d'une pension de 20,000 livres sur l'abbaye des bénédictins de Liessies, dont le roi avait concédé pendant vingt ans la jouissance à l'École, pour la construction de la chapelle.

En 1756, on ajouta un manège aux plans primitifs. Les chevau-légers de la garde du roi cédèrent, moyennant finance, les chevaux et une partie du matériel.

Les fonctions de chef du manège [1] ne consistaient pas seulement à apprendre l'art de l'équitation; l'écuyer devait aussi former les élèves au service de la cavalerie et des dragons. Le manège fut confié à un chevau-léger de la garde, élève du comte de Lubersac, Jacques-Amable d'Auvergne, qui le conserva jusqu'à la suppression définitive de l'École en 1788 [2]. Le duc de Choiseul admit des jeunes gens du dehors à suivre les cours de d'Auvergne; il en vint un grand nombre. Une ordonnance du 26 mars 1774 le défendit et réserva le manège aux seuls élèves de l'École.

Les ressources pécuniaires de l'institution consistèrent d'abord en un droit déjà existant sur les cartes à jouer [3]. Une déclaration royale du 13 janvier 1751 augmenta ce droit, pour le produit en être appliqué à l'entretien de l'École militaire, à titre de première dotation. Pâris du Verney obtint que la déclaration eût un effet rétroactif et que l'École perçût cet impôt à dater du 1er avril 1750 [4].

---

[1] Une gratification annuelle de 2,000 livres avait été promise, mais ne fut jamais payée, à l'officier destiné à être chef du manège.

[2] C'était le duc de Chaulnes qui avait fait les frais de l'éducation de d'Auvergne aux chevau-légers. Sa nomination d'écuyer à l'Ecole militaire, due au chevalier de Bongars et à de « hautes influences », causa un grand déplaisir à la compagnie. Elle voulait en faire le chef de son manège, alors le plus réputé, et que celui de l'Ecole, grâce à d'Auvergne, ne tarda pas à eclipser.

[3] L'impôt sur les cartes fut établi, en 1583, par Henri III. Par édit d'octobre 1701, Louis XIV le porta à 18 deniers par jeu. Une déclaration royale du 17 mars 1703 le réduisit à 12 deniers. Une autre déclaration, du 16 février 1745, rétablit le droit d'un sou six deniers sur chaque jeu, et un arrêt du Conseil, du 4 avril 1747, décida que les cartes destinées à l'étranger seraient aussi passibles de cet impôt. La déclaration du 13 janvier 1751 éleva le droit à un denier par carte.

[4] Arrêt du Conseil d'Etat du roi, en date du 30 avril 1751.

« J'aurais bien souhaité qu'il n'eût pas été question d'une imposition, quoiqu'anciennement établie, pour soutenir un établissement si désirable. Il faut croire qu'il est absolument impossible d'y parvenir sans cela, » écrivait le premier président de Maupeou au comte d'Argenson. Du Verney sentait lui-même le discrédit que de semblables ressources pouvaient jeter sur la nouvelle institution. Aussi, dans les mémoires qu'il rédigeait à ce sujet, cherchait-il à l'excuser. « La déclaration portant augmentation du droit sur les cartes, est le seul objet qui pourrait fournir quelque prétexte aux représentations. Mais que dire sur un droit qui ne porte en aucune façon sur un peuple, et dont l'effet est volontaire de la part de tous ceux qui y sont sujets ? On ne le prévoit pas... » Ensuite, il faisait remarquer que le droit n'intéressait que les joueurs, et que nul n'est forcé de jouer s'il ne le veut point. D'un autre côté, le peuple ne pouvait murmurer, cet impôt ne frappant que nobles ou riches qui se livraient à cette passion.

L'arrêt du Conseil d'État du 30 avril 1751, qui décida que l'École militaire percevrait le droit à dater du 1er avril 1750, en confia la régie, perception et administration à un sieur Léonard Maratray. L'ancien fermier céda ses droits, l'impôt ne devant plus être affermé aux termes de l'article 2 de l'édit de janvier 1751. Cet impôt rapportait à l'École 750,000 livres par an en moyenne.

Le roi Stanislas, duc de Lorraine et de Bar, consentit le 12 janvier 1751 [1] à ce que le droit sur les cartes à jouer fût levé dans ses États, à la condition que douze jeunes gens originaires des duchés seraient admis sur sa présentation à l'École militaire. Du reste, dans l'intérêt de ses sujets, Stanislas abandonna définitivement le droit sur les cartes.

Il ne se souvint de ses prérogatives qu'en 1765. Onze Lorrains suivaient alors les cours de l'École. Le Conseil de cet établissement fit valoir au prince que, son désir étant d'obtenir l'admission de dix-huit Lorrains alors en instance, il valait mieux qu'il abandonnât ses droits. On ne pourrait recevoir qu'un élève, et s'il laissait faire les choses, les dix-huit candidats seraient admis.

---

[1] Consentement sanctionné par lettres patentes données par ce souverain le 11 novembre de la même année.

Stanislas comprit où était l'intérêt de la noblesse pauvre de son duché, et l'École put jouir de ses revenus sans entrave.

L'exécution du droit et la poursuite des contraventions avaient été confiées au lieutenant général de police, à Paris, et aux intendants et commissaires départis dans les provinces. Les contestations nées et à naître sur ce droit et tous les procès, différends, etc., concernant l'École, « de quelque nature qu'ils puissent être, tant en demandant qu'en défendant, » durent être renvoyés devant les commissaires du Bureau des Oblats [1]. D'Outremont, avocat au Parlement de Paris, fut alors établi en qualité de procureur général du roi en cette commission. Il était chargé de recevoir et d'instruire toutes demandes pour ou contre concernant les biens ou droits de l'École [2].

Par arrêt du Conseil, en date du 21 décembre 1771, l'École fut maintenue dans tous les privilèges et exemptions accordés, notamment dans la dispense de papier timbré, ainsi que dans la modération à trois sous du droit de contrôle de chaque exploit pour tous actes concernant l'administration du droit sur les cartes. L'édit de février 1776 avait supprimé les communautés des marchands, les jurandes et les maîtrises; le Conseil, par arrêt du 21 avril suivant, décida que l'édit n'était pas applicable à la fabrication des cartes.

Enfin, la régie et la perception du droit sur les cartes furent réunies à l'administration des finances; l'exploitation en fut faite désormais pour le compte et au profit du roi. L'École dut cesser de le percevoir à dater du 1er janvier 1779 [3]. Pour en tenir lieu, Louis XVI accorda une somme de 15,000,000 de livres, à payer par le trésor royal. Cettte somme, fournie en quittances, produisait 4 p. 100 d'intérêts sur les aides et gabelles.

A la demande de Pâris du Verney, l'École avait été autorisée

---

[1] Arrêt du conseil, 15 octobre 1757.

Un autre arrêt du 26 septembre 1759 n'attribua plus au Bureau des Oblats que la connaissance des affaires concernant les droits, privilèges et immunités accordés à l'Ecole militaire, et ses immeubles et propriétés.

Le Bureau des Oblats (3e des commissions extraordinaires du Conseil) était chargé de juger les contestations au sujet des pensions d'Oblats, ou de religieux lais, attribuées à l'Hôtel des Invalides.

[2] Arrêt du Conseil, 13 mars 1761.

[3] Arrêt du Conseil, 26 novembre 1778.

à emprunter 2,000,000 de livres sur le droit des cartes[1]. Destiné à l'achat du terrain et à la construction des bâtiments, l'emprunt était remboursable en quinze ans, à raison de 150,000 livres pendant chacune des cinq premières années et 100,000 les dix autres, avec intérêt à 5 p. 100. Un autre arrêt du 5 février 1756 permit d'emprunter encore 500,000 livres, à rembourser en cinq ans, à dater de 1767, avec le même intérêt.

Ces ressources diverses ne parvenaient pas cependant à couvrir les dépenses. Pour se procurer de l'argent on eut recours à un moyen infaillible : on créa une loterie. « Tout est honteux dans ce règne de Louis XV. Voici une institution faite pour honorer le prince, et il ne lui en revient aucune part. Le projet fut conçu par un financier, pris à cœur par une favorite. Il fallut de basses intrigues pour le faire réussir, et l'on ne trouva rien de mieux pour assurer l'existence de cet établissement utile que l'institution immorale de la loterie[2]. »

La loterie, créée par un arrêt du Conseil, en date du 15 octobre 1757, qui la céda à l'École pour trente années, à dater du 1er novembre, devait être régie et administrée par des préposés installés par le Conseil de l'Ecole, et établie sur le modèle de celles qui existaient alors à Rome, Gênes, Venise, Milan, Naples et Vienne.

En voici le fonctionnement : 90 numéros étaient inscrits sur une roue. Sur ces 90 numéros, 5 gagnaient. Le joueur pouvait à son choix mettre son enjeu sur un seul numéro, c'était l'*extrait;* sur deux numéros liés, l'*ambe;* sur trois numéros liés, *le terne.* La mise minimum était de douze sous et allait toujours en doublant[3]. On ne pouvait mettre sur l'extrait plus de 6,000 livres, sur l'ambe plus de 300, et sur le terne plus de 150. L'extrait gagnait 15 fois la mise, l'ambe 270 fois, et le terne 5,200 fois. La loterie était tirée publiquement dans l'Arsenal de Paris, en présence des membres du Conseil de l'Ecole militaire.

---

[1] Arrêt du Conseil, 20 mars 1751.

[2] Boutaric, *Institutions militaires de la France avant les armées permanentes ;* Paris, 1863, p. 435.

[3] Un arrêt du Conseil, du 25 août 1759, autorisa les administrateurs de la loterie à recevoir des mises de trois et de six sous, mais sur les ambes et les ternes seulement.

Le plan de la loterie fut rédigé en Conseil d'Etat; il est contresigné par le marquis de Paulmy. Outre les renseignements qui viennent d'être relatés, la façon de procéder au tirage et d'administrer que contient ce plan, c'est un véritable prospectus. On y cherche à allécher les joueurs en exposant les chances de gain. Voilà les affaires sérieuses que discutait, à la veille de Rossbach, le Conseil d'État où figuraient pourtant de graves personnages.

Les contestations au sujet de la loterie furent, comme celles sur le droit des cartes, renvoyées devant les commissaires du Bureau des Oblats pour Paris et devant les intendants et commissaires départis pour la Province [1].

Il y avait dans Paris, ville et faubourgs, des bureaux de recette pour la loterie. Les receveurs de Paris devaient verser un cautionnement de 10,000 livres, et de 6,000 livres seulement ceux des provinces, où l'on ne pouvait en établir que dans les villes principales. Sur le montant de leur recette, les receveurs jouissaient d'une remise de 4 p. 100 [2].

Louis XVI, en supprimant ces malheureuses dotations, semble avoir voulu réparer le mal qu'elles avaient fait à l'institution. Ainsi, la loterie, devenant royale, cesse d'appartenir à l'École [3]. Celle-ci, en échange, reçoit une indemnité annuelle de 2,000,000 de livres payable par semestre. Deux ans plus tard, il supprimera de même pour elle le droit sur les cartes et le remplacera par une dotation avouable. Le dernier tirage de la loterie de l'Ecole militaire eut lieu le 5 août 1776.

Ses ressources ne se bornaient pas là. La fondation possédait encore, outre la ferme de Grenelle et des terres et maisons en dépendant, et qui étaient louées, une rente de plus de 40,000 livres, provenant d'une donation faite par le maréchal de Belle-Isle. Enfin, l'École percevait 2 deniers par livre sur le montant des dépenses des marchés pour la subsistance, l'entretien et le service tant des troupes que des places de guerre [4].

La chapelle fut bâtie au moyen d'une pension de 200,000 livres sur l'abbaye de bénédictins de Liessies, dont Louis XV avait à

---

[1] Arrêt du Conseil, 30 juin 1759.
[2] Arrêt du Conseil, 3 novembre 1770.
[3] Arrêt du Conseil, 30 juin 1776.
[4] Arrêt du Conseil, 25 août 1760.

cet effet abandonné pendant vingt ans la jouissance à l'École. L'abbaye de bénédictins de Saint-Jean de Laon n'avait plus de titulaire depuis le 3 avril 1754. Un arrêt du 20 avril 1755 sépara la manse contractuelle de la manse abbatiale; il réunit celle-ci à la chapelle de l'École militaire afin d'en appliquer les revenus à l'achat des vases et ornements sacrés, ainsi qu'à l'entretien des prêtres qui la desservaient et des sœurs de l'infirmerie.

Le brevet d'union à perpétuité de la manse abbatiale à la chapelle de l'École est daté de Fontainebleau, le 1er novembre 1756. La bulle, demandée au pape Clément XIII dès 1756, fut rendue le 31 juillet 1760, et l'École put prendre possession de ses biens le 30 décembre suivant. Des lettres patentes du mois de novembre 1761, sur bulles et sur sentences de fulmination, prononcèrent définitivement suppression du titre de l'abbaye et de la dénomination d'abbé de Saint-Jean de Laon ainsi que réunion des biens, droits et revenus de la manse abbatiale à la chapelle de l'École militaire.

Cela ne rapportait que 14,000 livres, y compris les décimes qui excédaient 4,000 livres. Par lettres patentes données le 24 juillet 1766, les religieux obtinrent de rentrer dans la jouissance de tous les biens et revenus de l'abbaye, à la condition de faire à la chapelle de l'École une dotation annuelle de 12,000 livres payables par semestre à dater du 1er janvier 1767.

Enfin, deux arrêts du Conseil d'État, en date des 13 mai 1768 et 12 mars 1775, concédèrent à la chapelle de l'École 30,000 livres par an sur la domerie d'Aubrac. Ces ressources suffisaient grandement aux besoins du culte.

III.

Administration de l'Ecole. — Pâris du Verney nommé intendant. — Conseils d'administration, d'économie et de police. — Directeur général des études. — Trésorier. — Hôtel de La Force. — Etat major de l'Ecole. — Les quatre Keralio. — Professeurs. — Service de santé.

L'édit de création conféra au secrétaire d'État de la guerre la surintendance de l'Hôtel. Le surintendant était secondé par un intendant chargé de l'administration générale des biens de la fondation et qui avait à lui en rendre compte, à arrêter les registres et les dépenses, etc. Un contrôleur-inspecteur général et un sous-contrôleur étaient commis au détail et avaient sous leurs ordres un nombre suffisant d'employés. L'intendant expédiait les ordonnances sur le trésorier pour toutes les dépenses de l'Hôtel, de quelque nature qu'elles fussent. Le trésorier ne rendait de compte qu'au conseil d'administration.

Pâris du Verney fut naturellement pourvu de l'intendance; il l'obtint avec le titre de conseiller d'État. La survivance fut accordée à son neveu, Pâris de Meyzieu.

L'administration économique de l'Hôtel, ainsi que l'éducation et l'instruction des élèves, furent confiées à trois conseils[1] :

1° Le *conseil d'administration*, composé du surintendant, qui devait toujours y assister, du gouverneur et de l'intendant, se tenait mensuellement et connaissait de toutes les affaires relatives à l'administration supérieure et générale de l'établissement. Le lieutenant de roi pouvait remplacer le gouverneur en cas d'absence[2].

2° Le *conseil d'économie*, comprenant le surintendant, quand il le pouvait, le gouverneur, l'intendant et le lieutenant de roi, s'occupait de tous les détails relatifs à la manutention économique et journalière de l'École. Il avait séance une fois par semaine. Bien que la partie économique fût dirigée par l'intendant, celui-ci ne passait aucun marché et n'allouait aucune dépense qu'ils ne fussent visés et arrêtés au conseil d'économie, et ratifiés ensuite par le surintendant en conseil d'administration.

3° Le *conseil de police*, qui se réunissait quotidiennement ou au moins trois fois la semaine, et que formaient le surintendant, quand il y pouvait assister, le gouverneur, l'intendant, le lieutenant de roi et les officiers de l'état-major qu'il semblait utile d'y appeler. Ce conseil s'occupait de tout ce qui était relatif au bon ordre, à la discipline, aux exercices et aux études. Il y était rendu compte des fautes des élèves et l'on y décidait la punition

---

[1] Ordonnance du 6 juin 1753.

[2] Une décision royale du 10 juin 1754 l'y admit définitivement et lui donna voix délibérative.

Le 13 juillet 1759, le chevalier de Bongars, major de l'Hôtel, eut aussi l'entrée des trois conseils; c'était une faveur accordée à l'homme et non à la place, et qui ne créait aucun titre au successeur du chevalier.

à infliger : c'était, pour ainsi dire, le rapport. Le major de l'Hôtel fit partie de ce conseil par ordre du 3 août 1756.

Les conseils d'économie et de police rendaient compte de leurs travaux et décisions au conseil d'administration. Aucune délibération n'était définitive en l'absence du surintendant, sauf celles de simple police.

Le secrétaire de l'Hôtel, qui était en même temps garde des archives, fut chargé du secrétariat des conseils et en cette qualité de tenir registre de leurs délibérations.

Les survivanciers avaient l'entrée du conseil, chacun selon sa charge.

Il y eut quelques modifications ou plutôt des introductions de nouveaux personnages dans la composition des conseils. Ils étaient tous trois formés, lors de la suppression de l'École de Paris en 1776, et cela depuis longtemps : du surintendant, du gouverneur, du lieutenant de roi, du major, de l'intendant, de l'inspecteur-contrôleur général et du trésorier; le garde des archives, secrétaire. Le directeur général des études en fit aussi partie jusqu'à la suppression de cet emploi en 1769. Cette dernière charge avait été créée le 30 juin 1754 et donnée à Pâris de Meyzieu.

Un édit de septembre 1754 établit la charge de trésorier, érigée, par autre édit du mois d'août 1760, en office héréditaire de la couronne. La finance de cette charge était de 250,000 livres. Elle rapportait 12,500 livres de gages et 8,000 livres de taxations, pour droits d'exercice, appointements de commis, frais de bureau et port de lettres. Ces gages et taxations étaient exempts de la retenue du dixième, des deux sous par livre du dixième, du vingtième et autres impositions. Le trésorier de l'Hôtel était commensal de la maison du roi et avait le droit de *committimus* au grand et au petit sceau. Il prêtait serment entre les mains du secrétaire d'État de la guerre.

Louis XV fit don à l'École de la finance de la charge de trésorier pour servir au payement d'une maison qu'elle avait achetée pour lui servir d'entrepôt; la trésorerie y fut établie et le trésorier y eut son appartement. C'était l'hôtel de La Force, qui acquit une sanglante célébrité par les massacres de Septembre, et appartenait alors par moitié aux héritiers de l'intendant des finances Poultier et aux frères Pâris. On y installa aussi les bureaux de la ferme du droit sur les cartes. Gaëtan-Lambert du Pont, avocat au parlement [1], qui avait obtenu la charge de trésorier à sa création, la conserva lorsqu'elle fut érigée en office. Ses nouvelles provisions sont du 2 mars 1761.

L'état-major de l'Hôtel de l'École militaire comprit à la création un gouverneur, un lieutenant de roi, un major, deux aides-majors et deux sous-aides majors. Ils avaient la table et le logement à l'École, ainsi que les officiers des compagnies d'élèves.

Des « réformes » leur furent accordées pour les appointements, mais sans les assujettir aux revues des régiments à la suite desquels ils étaient attachés, à raison de 700 livres aux lieutenants-colonels, 450 livres aux capitaines, et 240 livres aux lieutenants, qu'ils en eussent le grade ou seulement le rang. Ils conservaient ces réformes lorsqu'ils prenaient leur retraite.

Au mois de septembre 1753, on créa un emploi de *sergent d'exercice*, chargé d'instruire les élèves au maniement des armes et aux évolutions militaires. Il fut confié à Antoine Fabre, surnommé *Belle-Rose*, sergent dans Piémont, et qui fut dans la suite aide-major de l'École. Deux ans plus tard, en 1755, un ancien officier d'artillerie, Claude-Jean-Chrysostôme Boileau de Saint-Pau, fut nommé *commandant l'exercice de l'artillerie;* cette place donnait rang de capitaine et consistait à initier les élèves aux différentes parties du service de cette arme.

Pâris de Meyzieu se démit en 1759 de la charge d'intendant en survivance ; elle fut donnée à Antoine Pecquet, ancien grand-maître des eaux et forêts, qui mourut en 1762. Meyzieu conserva seulement la direction générale des études. Il s'était adjoint un sous-directeur, Louis-Félix Guynement de Keralio [2], qui fut nommé à ces fonctions le 25 février 1758.

---

[1] Les deux nièces de du Pont épousèrent, en 1790 et 1791, le grand Carnot et son frère Carnot de Feulins.

[2] Les Keralio étaient quatre frères, dont deux furent employés à l'École, et ont été, par presque tous les auteurs, même par le *Mémorial de Sainte-Hélène*, confondus ensemble. Bouillet, dans une édition de son *Dictionnaire*, va même jusqu'à faire un seul personnage de trois d'entre eux.

L'aîné des Keralio, Auguste-Guy, colonel réformé d'infanterie, fut gouverneur de l'infant duc de Parme. C'est lui qui accompagna le comte de Gisors, fils du

L'édit de création allouait le logement aux professeurs; ils avaient aussi la table, et leurs appointements étaient supérieurs à ceux des officiers. Les professeurs étaient des hommes de valeur, choisis avec soin, dont quelques-uns avaient alors et ont conservé un certain renom. C'étaient l'académicien Beauzée; Jeaurat, décédé membre de l'Institut; Hurtaut, auteur d'un *Dictionnaire historique de la ville de Paris et de ses environs*, curieux et fort utile; Berthelot, qui inventa un nouveau système d'affût adopté par Gribeauval; de Lonpré; Pingeron; Targe, traducteur de l'*Histoire des guerres de l'Inde ou des événements militaires arrivés dans l'Hindoustan depuis* 1745, de Robert Orme; Berthelin, auteur du *Supplément au Dictionnaire de Trévoux*, dont il publia aussi un abrégé; d'Aspect, plus tard historiographe de l'ordre de Saint-Louis, auteur d'une *Histoire de l'ordre*, qu'il ne put malheureusement pas finir et qui est restée classique; l'astronome La Place, qui fut membre de l'Académie des Sciences, ministre de l'intérieur, sénateur et pair de France; Cousin, membre de l'Institut et sénateur; Mentelle, plus tard

maréchal de Belle-Isle, dans ses voyages en Angleterre et en Allemagne, et le duc de Nivernois dans son ambassade en Prusse.

Le cadet, Agathon, chevalier de Keralio, était major du corps des grenadiers de France avec rang de colonel, lorsqu'il fut choisi, en 1761, pour faire l'éducation du jeune duc de Deux-Ponts, plus tard roi de Bavière. Le 9 décembre 1773, il fut nommé sous-inspecteur de l'Ecole militaire, devint maréchal de camp et mourut en mars 1788.

Le troisième, Alexis-Célestin, prit sa retraite en 1776, comme lieutenant-colonel du régiment d'Auvergne.

Le quatrième, enfin, Louis-Félix, est celui que nous appellerions volontiers *le Grand* Keralio. Il était aide-major au régiment d'Anjou quand ses blessures le contraignirent, en 1756, à se retirer. La sous-direction des études à l'Ecole militaire lui fut confiée le 25 février 1758; il fut, en même temps, chargé d'enseigner les éléments de l'art de la guerre et les ordonnances militaires. Aide-major de l'École le 28 juillet 1759, il fut réformé en cette qualité lors de la suppression, en 1776.

Keralio donna, en 1756, la traduction des règlements de l'infanterie prussienne qui furent d'une grande utilité pendant la guerre de Sept ans, et publia pour l'instruction des élèves ses *Recherches sur les principes généraux de la Tactique*. Il est l'auteur de divers ouvrages historiques militaires estimés, et rédigea presque toute la partie militaire de l'*Encyclopédie*. La Révolution le trouva major d'infanterie, chevalier de Saint-Louis, membre de l'Académie des Inscriptions et Belles-Lettres et de l'Académie de Stockholm, censeur royal et interprète à la bibliothèque du roi. Keralio est mort à Groslay, près Paris, le 10 décembre 1793.

professeur à l'École normale et membre de l'Institut; Legendre, décédé membre de l'Académie des Sciences et du Bureau des Longitudes; de Tresséol, auteur d'ouvrages d'éducation alors en grande estime; Etienne de Lalande, frère du célèbre athée mangeur d'araignées; Le Paute d'Agelet et Monge, désignés pour accompagner La Pérouse dans son voyage autour du monde en 1785, et qui périrent avec lui.

Des calligraphes alors célèbres étaient chargés d'enseigner les principes de leur art. Le plastron de maître d'escrime fut confié à Rousseau, chevalier de Saint-Michel, ancien maître d'armes de Louis XV enfant, et maître teneur d'armes des pages de la chambre et de ceux de la grande et de la petite écurie.

Le service de santé était assuré par un docteur en médecine de la faculté de Paris, Mac-Mahon, qui fut médecin de l'École pendant presque toute sa durée, et par un chirurgien-major, place occupée par le célèbre Dusault, et un aide-major. Deux dentistes, un chirurgien-herniste, un apothicaire et un oculiste étaient attachés à l'Hôtel.

IV.

Installation provisoire au château de Vincennes. — Formation des deux premières compagnies d'élèves, commandées par des officiers de troupe. — Salières, premier gouverneur. — Chevalier de Bongars. — Paul de Lorry. — Croismare est nommé lieutenant de roi. — Formation des troisième et quatrième compagnies d'élèves. — Occupation des bâtiments de la plaine de Grenelle. — Uniforme. — Composition comme officiers des compagnies d'élèves. — Cours d'études. — Le premier élève sorti de l'École. — Renvoi à leurs corps des officiers des compagnies d'élèves. — Daniel de Lorry. — La sous-direction des études est supprimée.

L'École militaire fut provisoirement établie au château de Vincennes. Un « mémoire instructif sur ce que les parents devaient observer pour proposer leurs enfants pour l'École royale militaire » fût immédiatement rédigé, imprimé et porté à la connaissance des intéressés.

Toutes les demandes d'admission devaient être adressées aux intendants des généralités ou à leurs subdélégués. Les parents avaient, dans leur demande, à faire connaître si le candidat pouvait faire preuve de quatre générations de noblesse; les nom, prénoms et âge du père; s'il était au service ou retiré; s'il était mort à l'ennemi, des suites de blessures ou naturellement; le détail de ses services, pour en faciliter la vérification dans les bureaux de la guerre; s'il était retiré, l'époque et la cause de sa retraite; s'il avait reçu des grâces du roi, c'est-à-dire des pensions, pendant la durée de ses services ou en se retirant; s'il était chevalier de Saint-Louis, et en cas d'affirmative la date de sa nomination; si la mère était vivante; les nom et prénoms des enfants (on pouvait en proposer plusieurs); le nombre de leurs frères et sœurs; s'ils avaient des frères ou des parents au service; s'ils savaient lire et écrire et étaient bien conformés; s'ils étaient élevés dans leur famille ou dans des pensions ou collèges; enfin, le domicile et la quotité de la fortune des parents.

A l'appui de la demande devaient être joints l'extrait baptistaire légalisé de l'enfant; l'acte de décès des parents, s'ils avaient cessé d'exister; un certificat de leur fortune établi par le subdélégué et visé par l'intendant, et un certificat de médecin constatant la bonne constitution du jeune homme dont on demandait l'admission.

Les premiers élèves furent nommés au mois de mai 1753, et les deux premières compagnies formées sur le papier le 5 juin.

Les officiers des compagnies d'élèves étaient pris dans les troupes; le régiment de Piémont eut l'honneur d'en fournir un certain nombre. Leurs fonctions consistaient à tenir la main à l'observance de la discipline, au maintien du bon ordre et de la subordination. Ils devaient, au bout de trois ans, retourner à leur corps, les capitaines avec la croix de Saint-Louis, s'ils ne l'avaient pas; les lieutenants avec la commission de capitaine[1].

Les fonctions de sergent, de caporal et d'anspessade étaient remplies par des élèves.

Le marquis de Salières, lieutenant général, inspecteur général d'infanterie, grand-croix de Saint-Louis, reçut le gouvernement de l'École le 1er août 1752. Salières, alors âgé de 65 ans, avait

---

[1] Les lettres d'officiers dans les compagnies s'envoyaient au capitaine : le commandant en chef de l'Ecole demanda et obtint, le 28 décembre 1754, qu'elles lui fussent adressées.

conquis ses grades dans les états-majors. A Laufeld, où il servait en qualité de lieutenant général, c'est lui qui commanda la dernière attaque, qui emporta le village et décida du gain de la bataille. Salières mourut le 29 février 1756.

Le 25 mai 1753, le chevalier de Bongars, maréchal des logis dans les chevau-légers de la garde, fut nommé major de l'École. On confia les fonctions d'aide-major à Paul-Philibert-Marie Couet du Vivier de Lorry, qui eut, le 28 décembre 1754, un ordre pour commander en l'absence des officiers supérieurs. Lorry, qui était capitaine premier aide-major du régiment de Piémont, avait perdu un bras en commandant l'exercice le 18 juillet 1750 [1].

Bongars et les autres officiers nommés en même temps que lui entrèrent en fonctions le 1er octobre 1753. C'est à cette date que l'École militaire fut définitivement ouverte.

Le chevalier de Croismare [2], maréchal de camp, fut nommé, le

---

[1] Le comte d'Esparbès, son colonel, en rendant compte au ministre de l'accident survenu à de Lorry s'exprimait ainsi : « Cet officier, qui est homme d'esprit et savant, raisonnant la veille avec le chirurgien-major du régiment sur différentes opérations de chirurgie, prétendoit, contre le sentiment du chirurgien-major, qu'il n'estoit pas possible de faire avec succès l'amputation du bras à l'article. Le lendemain il est frappé à cet endroit même ; il supporta la douleur sans qu'il parût d'altération sur son visage ; il dit froidement à son frère, garçon-major, de faire continuer l'exercice, et retourna à pied à la ville où personne ne soupçonna, par son maintien, ce qui venoit de luy arriver.

« Etant chez luy, il fit venir le chirurgien-major ; il luy rappella en entrant la dispute de la veille, et dit qu'il alloit estre à portée d'éprouver qui d'eux avoit raison, et que son exemple luy serviroit dans les cas pareils qui se présenteroient. Il envisagea d'un œil tranquille les préparatifs de l'opération et il l'endura avec tant de fermeté que le chirurgien-major, craignant que cet officier ne prît trop sur luy, se crut obligé de luy dire qu'il luy conseilloit de donner quelque chose à la nature, et qu'il en seroit soulagé. M. de Lorry répondit simplement : « Je fais mon métier, monsieur ; faites le vôtre. » Sa tranquillité ne l'a point abandonné, il n'a point eu de fièvre ; il a été jugé hors de danger peu de temps après l'opération et il est actuellement guéry. » (Septembre 1750.)

[2] Jacques-René chevalier de Croismare entra au service en 1719. Il fit, en Italie, comme capitaine au régiment de cavalerie de Broglie, les campagnes de 1733 à 1736. Il passa en Bavière en 1742 et était en 1743, avec le maréchal de Belle-Isle, à la retraite de Bohême. Il servit ensuite en Flandre jusqu'à la fin de la guerre, en qualité de maréchal général des logis de la cavalerie de l'armée du maréchal de Saxe. Maréchal de camp le 10 mai 1748, commandeur de Saint-Louis le 3 juillet 1756, Croismare fut nommé lieutenant général le 25 juillet 1762 et obtint la grand'croix de Saint-Louis le 1er septembre 1766.

3 octobre, lieutenant de roi, et lorsque le marquis de Salières eut donné sa démission, au mois d'octobre de l'année suivante, Croismare reçut en outre le titre de commandant en chef.

« Officier général de fortune », qui ne dut son avancement qu'à son mérite, Croismare était un homme modeste faisant petit bruit et grande besogne. Il s'occupait beaucoup du personnel confié à ses soins, officiers et élèves, et l'École lui fut assurément redevable de la situation qu'elle avait vite conquise. Croismare a le grand honneur d'avoir compris les bienfaits de l'institution, chose assez rare à l'époque. « Les élèves de l'École royale militaire sont les enfants de l'État », disait-il au duc de Choiseul.

Les officiers de l'état-major de l'École étaient alors considérés comme servant dans l'état-major des places. On est, par suite, amené à conclure que l'on ne recherchait pas la valeur personnelle toute spéciale dans l'officier à qui l'on confiait les fonctions délicates de gouverneur de l'École ; que ce n'était qu'un gouvernement comme un autre, comme on en accordait à un officier général en récompense de ses services ou en considération de son nom[1]. La nomination du marquis de Timbrune au poste de gouverneur, en 1773, semblerait faire de cette supposition une réalité. Du reste, les provisions de Croismare et de Timbrune portent « Gouverneur de l'*Hôtel* de l'École militaire » celles de Salières n'existent plus.

La troisième compagnie d'élèves fut formée le 8 mai 1754, et la quatrième le 28 décembre suivant.

L'École comptait déjà 80 élèves, lorsqu'elle fut transférée, en juillet 1756, dans son hôtel, dont la construction était assez avancée pour la recevoir.

L'uniforme était bleu, avec veste et parements rouges, boutons blancs et collet jaune, chapeau bordé d'un galon d'argent. Ce n'était que sur un ordre spécial que les élèves portaient le chapeau bordé et les parements.

---

[1] Les gouvernements de ville ou de province étaient à cette époque classés rntreeux selon la somme qu'ils rapportaient en appointements, émoluments et evenus de toute nature.

Trois nouvelles compagnies d'élèves furent formées le 11 juillet 1756[1].

Le cours d'études comprenait : l'écriture, le français, les mathématiques, l'histoire, la géographie, le latin, l'allemand, l'italien, la physique expérimentale, et comme exercice du corps l'équitation, l'escrime et la danse. Il y avait un professeur pour chacune de ces facultés ; un ou plusieurs adjoints étaient chargés de les suppléer. Le personnel de l'équitation comprenait, outre l'écuyer d'Auvergne, un sous-écuyer et un maître de voltige.

Le plan général des études fut conçu en vue de la carrière à laquelle se destinaient ces jeunes gens, c'est-à-dire qu'elles devaient être essentiellement militaires. On ne cherchait pas à former des savants, mais des officiers et des hommes. Les cours étaient faits de vive voix et non dictés, pour permettre aux élèves de les suivre avec plus de fruit : le professeur devant répéter sa démonstration sous diverses formes, jusqu'à ce qu'elle fût bien comprise. « Le raisonnement a plus de part à cette forme d'instruction que la mémoire. »

Passons à ce qui concerne chaque cours en particulier.

Grammaire. — Elle est nécessaire et commune à toutes les langues, ce que chaque langue a de particulier pouvant être regardé comme des exceptions à la grammaire générale, par laquelle on commençait les études.

Langues. — Le latin est d'une utilité reconnue, puisqu'il fait partie de toutes les éducations. Les langues allemande et italienne sont les plus utiles aux officiers, puisqu'on ne guerroie que sur le Rhin ou au delà des Alpes. Pour commencer l'étude et habituer à la prononciation de la langue, les élèves étaient servis par des domestiques allemands.

---

[1] Les sept compagnies alors existantes étaient ainsi composées comme officiers :

Capitaines.	*Lieutenants.*
De Nort.	De Rességuier.
De La Noue Vieux-Ponl comte de Vair.	Barry du Theil.
De Lange de La Maltière.	De Rezet.
De Compaigne.	De Capponi.
D'Autriche.	Chevalier de La Noue.
Des Rozières.	L'Evesque de Puyberneau.
Le Baun du Breuil.	De Courtade.

Mathématiques. — De cette science jugée indispensable au militaire, on n'enseignait que ce qui avait un rapport direct avec la guerre : l'arithmétique, l'algèbre, la géométrie élémentaire, la trigonométrie, la mécanique, l'hydraulique, la construction, l'attaque et la défense des places, l'artillerie.

Logique. — Son étude avait pour but d'habituer l'enfant à définir et à diviser, et à ne jamais se précipiter, soit en portant un jugement, soit en tirant des conséquences, et de préparer à la géométrie.

Géographie. — Indispensable aux officiers, mais étendue seulement, et alors en détail, aux pays qui étaient d'ordinaire le théâtre de la guerre. La topographie faisait, pour les mêmes raisons, partie de ce cours.

Histoire. — C'est la connaissance la plus utile et la plus agréable que l'on puisse acquérir. Le militaire ne doit chercher dans l'histoire générale que des exemples de vertu et de courage, et des détails concernant son métier dont il peut et doit profiter. L'histoire de son pays lui fera connaître l'état présent des affaires et leur origine, etc.

Droit naturel. — On doit connaître le droit de la guerre, et il est utile d'avoir une teinture un peu étendue de droit naturel.

Ordonnances militaires. — L'étude doit en être attentive et suivie, et la pratique doit côtoyer la théorie. C'est ainsi que l'ordonnance sur le service des places était journellement appliquée à l'Hôtel comme dans une place de guerre.

Exercice, évolutions. — Il est indispensable d'avoir des officiers sachant faire manœuvrer [1]. Ce cours fut complété, pendant les premières années, par des leçons théoriques de *tactique*.

On peut juger quels soins de tout genre ont présidé à l'établissement de l'École militaire, institution réellement faite pour honorer un règne et un roi, et qui pourrait placer Louis XV au nombre des grands souverains. Mais à côté de cette noble et utile création, que de fautes durant ce règne trop long !

---

[1] *Encyclopédie méthodique*, Paris et Liège, 1785 ; *Art militaire*, t. II, p. 229 et suiv.
L'article est de Pâris de Meyzieu, directeur des études.

Une commission de lieutenant réformé à la suite du régiment Royal (dragons), qui avait à sa tête le marquis de La Blache, neveu de Pâris du Verney, fut expédiée, le 5 octobre 1755, à un élève : c'était la première. D'autres commissions de ce genre à la suite de divers régiments furent délivrées, le 4 mars 1757, à vingt et un autres élèves, pour leur donner rang d'officier dans les troupes à la révolution de leur dix-huitième année, mais ils ne quittèrent l'École que deux ans plus tard. Ce système ne fut appliqué que cette fois.

Le premier élève sorti de l'École est Charles-Claude de La Teyssonnière. C'était un sujet de la plus grande distinction, mort malheureusement en 1782, ayant déjà onze ans de grade de colonel. Nicolas d'Avout, oncle et parrain de l'illustre prince d'Eckmühl, fut au nombre des élèves commissionnés le 4 mars 1757; il obtint une cornette dans les carabiniers le 28 avril 1759.

Le 11 juillet de cette dernière année (1759), les capitaines et lieutenants des compagnies d'élèves rentrèrent à leurs anciens régiments. On accorda à chacun d'eux une pension de 400 livres sur les fonds de l'École, en considération de leurs services. Ils ne furent pas remplacés. Le chevalier de Lorry (Daniel-Nicolas-Marie Couet du Vivier), qui avait été nommé second aide-major le 10 juin 1754, fit volontairement la campagne de 1758 comme premier aide de camp de Chevert. Les services qu'il rendit en cette occasion lui valurent la croix de Saint-Louis. Il quitta de nouveau l'École, le 15 juin 1759, pour aller servir en qualité d'aide de camp du marquis de Saint-Pern, colonel des grenadiers de France. Il reçut, le 13 juillet, une lettre du ministre qui le considérait comme démissionnaire de son emploi à l'École. Keralio le remplaça comme aide-major le 28 juillet, et la sous-direction des études fut supprimée. L'emploi d'aide-major donnait dans l'École rang de capitaine d'une compagnie d'élèves.

V.

Le maréchal de Belle-Isle. — Crémilles. — Les trois phases de l'Ecole. — Réglements généraux du 13 décembre 1759. — Fonctions et service des officiers ; exercices et manœuvres. — Inspecteurs des études ; leurs fonctions et leurs devoirs. — Classes. — Police et discipline. — Distribution de la journée. — Pratiques religieuses. — Punitions. — Récompenses. — Visite de Louis XV à l'Ecole.

Le 3 mars 1758, le maréchal de Belle-Isle avait remplacé au secrétariat d'État de la guerre le marquis de Paulmy ; arrivé au pouvoir par les intrigues de Mme de Pompadour, Paulmy n'était pas à la hauteur de la situation qu'il occupait. Le maréchal, usé par l'âge et ses nombreuses et brillantes campagnes, s'adjoignit Crémilles, officier général distingué, et lui confia, le 27 mai, la surintendance de l'École conjointement avec lui, fonctions dont il se démit avec toutes ses charges le 10 avril 1762.

L'École militaire passa par trois phases bien distinctes, pouvant se résumer ainsi : 1° compagnies d'élèves commandées par des officiers de l'armée (1753-1759) ; 2° compagnies commandées par des élèves (1759-1769) ; 3° compagnies commandées par des officiers de l'armée (1769-1776). Sous le ministère de Belle-Isle, l'École entre dans sa deuxième phase.

Le comte de Gisors, jeune homme plein de charme et de valeur, avait été tué à la tête des carabiniers, dont il était colonel, à la triste affaire de Crefeld, le 23 juin 1758. Son malheureux père, frappé presque coup sur coup par la mort de son frère, le chevalier de Belle-Isle, de la maréchale et de son fils, concentra dès lors toutes ses affections sur la jeunesse militaire.

Le 31 décembre 1759, le duc de Belle-Isle fit, par devant Me Trutat, notaire à Paris, donation au roi pour l'École militaire des six offices d'affineurs et départeurs d'or et d'argent[1]

---

[1] Ces six officiers, deux pour Paris et quatre pour Lyon, avaient été créés par édit d'août 1757. La finance de chacun d'eux était fixée à 110,000 livres et la même personne pouvait acquérir plusieurs offices. Ils avaient été concédés les 12 mai 1758 et 11 avril 1759 aux sieurs Biétrix et Figuières, qui les cédèrent au maréchal de Belle-Isle.

Un édit de décembre 1760 supprima les quatre offices de Lyon et les réunit

qu'il avait payés 660,000 livres. Le maréchal s'en réserva l'usufruit, ainsi qu'une somme de 26,450 livres de rente viagère pour en disposer par testament ou donation. A l'extinction de l'usufruit et de la rente viagère, le produit des offices devait appartenir à l'École, à moins que le roi ne le remplaçât par un revenu d'égale valeur. Cette donation fut ratifiée par lettres-patentes données au mois de février 1760.

C'était un cadeau princier; mais là ne se borna pas la sollicitude du maréchal de Belle-Isle pour l'École militaire. Les règlements généraux qu'il arrêta le 13 décembre 1759 en sont la preuve. Pour celui qui a lu l'admirable instruction qu'il rédigea pour le comte de Gisors, lorsque celui-ci alla prendre le commandement du régiment de Champagne [1], il ne peut subsister aucun doute sur la part prise par le ministre à leur rédaction.

Le premier de ces règlements concerne les officiers de l'état-major et leurs fonctions.

L'état-major comprend désormais un lieutenant de roi, un major, trois aides-majors, trois sous-aides-majors et quatre capitaines des portes [2].

Chaque compagnie d'élèves, — elles étaient au nombre de cinq, — se composait d'un capitaine, d'un lieutenant, de deux sergents, de trois caporaux et de trois anspessades, tous choisis parmi les élèves, de quarante fusiliers et d'un certain nombre de surnuméraires. De plus, un sergent-major [3] élève, au-dessus des capitaines, remplissait les fonctions d'officier-major lorsque les élèves étaient sous les armes; il commandait le bataillon quand on le jugeait à propos.

à la communauté des maîtres et marchands tireurs d'or de cette ville, à charge par elle de payer à leur ancien propriétaire une indemnité annuelle de 40,000 livres, à dater du 1er mai 1768, indemnité remboursable à 800,000 livres. Un autre édit, du mois de février 1781, supprima les deux offices de Paris et révoqua la réunion prescrite par l'édit de 1760. A partir du jour de l'enregistrement de l'édit (10 mars), la communauté de Lyon dut payer les 40,000 livres au Trésor.

[1] C. Rousset, *Le Comte de Gisors;* Paris, 1868, p. 29 et suiv.

[2] Ces fonctions étaient celles de portier-consigne. On les confiait à des bas-officiers ou maréchaux des logis invalides.

[3] Ancienne dénomination du « major », officier chargé du détail et de la enue des contrôles.

Le lieutenant de roi et le major assistaient aux exercices et visitaient l'infirmerie aussi souvent que possible. Les aides-majors et sous-aides-majors servaient par semaine, du 1er avril au 1er octobre, et par quatre jours, du 1er octobre au 1er avril. Leur mission était d'assister à l'ouverture et à la fermeture des portes des élèves et de veiller sur eux au lever, à la messe, à la prière et au coucher.

Du 1er avril au 1er octobre, les élèves faisaient l'exercice de six heures trois quarts du matin à sept heures trois quarts; les dimanches et fêtes, de sept heures et demie à neuf heures et demie. Pendant les six autres mois de l'année, on les exerçait de midi à une heure, et de onze heures à une heure les dimanches et fêtes.

Deux classes étaient formées. La première comprenait les élèves les plus avancés; on n'y était admis qu'après examen. Les nouveaux élèves, dits surnuméraires, étaient instruits à part et ne pouvaient de même passer dans la seconde classe qu'après examen.

Les premières notions de l'exercice devaient être exposées nettement. Les aides-majors expliquaient les mouvements qu'ils faisaient exécuter. On n'avait pas seulement pour but d'habituer aux manœuvres, mais de former des instructeurs pour l'avenir. A l'âge de quinze ans, les élèves recevaient de Keralio des leçons sur l'art de la guerre, les ordonnances militaires et le traitement des troupes. Keralio devait, en outre, pendant le mois de juillet, faire trois fois par semaine un cours de castramétation qui durait deux heures. Les élèves passaient tous les deux mois, en présence du commandant et des autres officiers de l'École, un examen sur ces matières.

Les dimanches et jours de fêtes se montait une garde, composée de douze élèves et d'un sergent, et commandée par un capitaine ou un lieutenant. La garde battait à onze heures. On plaçait alors des sentinelles; des patrouilles circulaient dans les salles d'étude d'heure en heure; enfin, les prescriptions de l'ordonnance du 25 juin 1750, sur le service dans les places de guerre, étaient ponctuellement exécutées. La garde était relevée à huit heures et demie du soir et la retraite battue un quart d'heure après.

Tous les jours, à des heures fixées quotidiennement par le

lieutenant de roi, un aide-major et un sous aide-major qui n'étaient pas de service, faisaient des rondes pour s'assurer que tout était bien en ordre.

Tous les officiers de l'état-major devaient en faire aussi la nuit, aux heures qui leur convenaient, pour prévenir tous accidents et constater que la garde faisait les patrouilles auxquelles elle était astreinte toutes les heures, de neuf heures du soir à cinq heures du matin.

Dix inspecteurs des études, hommes de lettres, furent substitués aux officiers des compagnies; le seul d'entre eux dont le nom soit passé à la postérité est de Barrett, qui a laissé des traductions d'auteurs latins et de Machiavel.

Les inspecteurs relevaient du directeur général des études. Il y avait deux de ces inspecteurs de service par jour, et le service était fait de manière que celui qui avait été en second la veille l'était en premier le lendemain; ainsi chacun était en fonctions deux jours de suite. Un troisième inspecteur se tenait toujours prêt à remplacer un collègue qui se trouverait malade dans la journée; c'était celui qui devait prendre le service le lendemain. Ce troisième inspecteur devait, en tous cas, assister aux récréa tions. Les inspecteurs ne pouvaient s'absenter ni sortir de l'hôtel et surtout découcher, sans permission du directeur des études.

Leurs principales fonctions consistaient à maintenir la subordination. Pour arriver à ce résultat, le règlement leur recommande « une fermeté inébranlable, mais surtout accompagnée de beaucoup de politesse ». *Maxima debetur puero reverentia.* Dans leurs conversations avec les élèves ils devaient leur conter des exemples de vertu et de conduite d'où l'on pût tirer des principes de morale, et surtout s'abstenir de ces récits merveilleux qui enflamment les jeunes esprits et faussent l'imagination.

Les inspecteurs étaient chargés de ce que nous appelons aujourd'hui *l'éducation*. Ils veillaient particulièrement « à donner aux élèves ce ton de politesse si rare et si difficile à acquérir dans toute éducation publique ». Ils avaient à les « guider dans leur correspondance et les accoutumer à observer dans leurs lettres les usages reçus dans le monde, en leur formant insensiblement un style convenable à des militaires; c'est-à-dire simple, noble et précis ».

Outre ces différentes attributions, ils s'assuraient que les professeurs se rendaient exactement à leurs cours à l'heure fixée. Enfin, tous les mois ils remettaient au directeur des études une note de la conduite des élèves.

Le troisième règlement est une instruction générale pour les professeurs, adjoints et maîtres.

Les professeurs devaient s'attacher à connaître autant le caractère de leurs élèves que leurs dispositions pour les diverses matières qu'ils étaient chargés d'enseigner. Ils devaient les noter à ce point de vue et rendre mensuellement compte de leurs progrès.

Ils avaient droit de punition sur leurs élèves ; mais pour ne pas rebuter ces jeunes natures, il leur était recommandé, comme aux inspecteurs, une politesse ferme.

Ils pouvaient librement sortir de l'hôtel les dimanches et fêtes, ce qui n'avait lieu les autres jours qu'avec une permission. Il fallait en tout temps une autorisation spéciale pour découcher.

Les cours étaient faits à voix basse. Les professeurs devaient s'attacher à faire perdre l'habitude des réponses hésitantes, « habitude qui marque toujours plus le travail de la mémoire que les efforts du jugement », et veiller à ce que leurs élèves ne retinssent pas seulement les préceptes qu'ils leur enseignaient, mais s'habituassent à les discuter, pour leur apprendre à raisonner juste et mieux graver ces préceptes dans leur mémoire.

Selon le règlement général pour les élèves, la discipline était rigoureuse et l'obéissance *passive,* dans toute l'acception du mot.

On se levait à cinq heures et demie en toute saison. Les élèves brossaient leurs habits, s'habillaient, se coiffaient et rangeaient eux-mêmes leurs effets. Chaque élève avait sa chambre, qui devait toujours être en ordre. Était puni de la prison celui qui entrait dans la chambre d'un camarade, sous quelque prétexte que ce fût.

Une inspection de l'habillement était passée quotidiennement par les officiers-élèves et ensuite par l'officier-major de service. On se couchait à neuf heures.

Le déjeuner avait lieu, du 15 octobre au 15 avril, à six heures trois quarts ; du 15 avril au 15 octobre, à sept heures trois quarts. Il était fixé, les dimanches et fêtes, à sept heures un quart pour toute l'année. Les élèves faisaient encore deux repas, le dîner et le souper. Il était défendu d'emporter du pain et de rester dans les salles à manger, qui étaient au nombre de trois. On pouvait causer pendant les repas, mais sans bruit.

L'appel se faisait au commencement de chaque classe. On n'accordait d'autorisation de sortie qu'en cas d'indisposition. Visite était souvent passée des pupitres, pour enlever les jouets qui pouvaient s'y trouver et confisquer tous les livres autres que ceux qui avaient été donnés par l'Ecole ou les chapelains. La fin de chaque classe était annoncée à son de cloche. Les élèves avaient, tant en cours qu'en études, neuf heures de travail par jour. Ceux qui, par paresse, se disaient malades n'y gagnaient guère : on mettait à la soupe ceux qui se prétendaient indisposés.

Les récréations avaient lieu dans ce qu'on appelait *la cour des classes*, et, par les mauvais temps, dans le manège ou les salles à manger; jamais dans les corridors. Les jeux de main et les cartes à jouer étaient prohibés; de même les sobriquets.

Les élèves n'étaient autorisés à faire leur correspondance que les dimanches et fêtes. Aucune lettre ne devait sortir de l'École sans avoir été vue par le directeur des études; le délinquant était passible de quinze jours de prison. Cela avait pour but unique de corriger leur correspondance, — on ne prenait pas connaissance de celle qui leur arrivait, — et d'habituer ces jeunes gens à écrire poliment et convenablement, comme un homme du monde doit savoir le faire.

Chaque élève devait posséder une copie du règlement général. Le premier dimanche de chaque mois, après s'être fait montrer l'exemplaire obligatoire pour chacun, les officiers-élèves en donnaient lecture devant le bataillon assemblé.

Les pratiques religieuses étaient exactement suivies : prières du matin et du soir; messe quotidienne servie par deux élèves; *benedicite* avant et *grâces* après le repas; vêpres; catéchisme dimanches et fêtes; confession une fois par mois et communion tous les deux mois. Le règlement fait à ce sujet par l'archevêque de Paris est du 3 février 1761.

Les récompenses consistaient en grades et distinctions. Les grades étaient ceux de sergent-major, le plus élevé de tous, de capitaine, de lieutenant, etc. Celui de sergent-major n'était donné qu'après avoir pris l'avis des officiers, des inspecteurs et des professeurs. Comme tous les élèves ne pouvaient obtenir des grades, on les distinguait encore par des épaulettes : ceux qui étaient destinés à monter aux grades portaient sur l'épaule droite une épaulette d'argent ; la classe qui suivait en avait une ponceau et argent. L'épaulette rouge était réservée aux élèves médiocres; celle en bure « était le partage humiliant des paresseux et des mauvais sujets ». Il était procédé, tous les deux mois, à un examen pour la distribution des épaulettes.

Le conseil de l'École récompensait encore par la concession de sorties aux élèves qui employaient bien leur temps. Il distinguait ceux qui s'étaient fait remarquer par leur application, en leur donnant une boîte de mathématiques ou autre témoignage quelconque de leur conduite, à leur entrée au service.

Les punitions ne variaient guère; c'était presque toujours la prison. Le manque de politesse et d'égards, la malpropreté étaient sévèrement repris. Les fautes pendant les cours étaient punies des arrêts debout ou à genou, du renvoi dans la salle d'étude (qui entraînait la peine de la soupe, du pain et de l'abondance à genou et éloigné de la table), et même de la prison. Les élèves à épaulettes d'argent et ponceau et argent ne pouvaient pas être mis aux arrêts à genou, ni au pain et à l'abondance. Un habillement de bure, à porter jusqu'à nouvel ordre, était la punition de l'élève qui gâtait ou déchirait son uniforme ; cette dernière punition n'était prononcée que par le conseil.

Les règlements du maréchal de Belle-Isle contiennent, en outre, des dispositions de détail fort curieuses en vérité, mais auxquelles il serait trop long de s'arrêter ; d'ailleurs, quelques-unes nécessiteraient une description de l'Hôtel.

Louis XV visita l'École au mois d'août 1760; c'est la seule fois qu'elle reçut cet honneur. La *Gazette de France* (n° 34, 23 août 1760) raconte ainsi cette visite :

« Le Roi se rendit le 18 après-midi à l'École royale militaire, où Sa Majesté fut reçue par le maréchal de Belle-Isle, secrétaire d'État de la guerre, et par le sieur de Croismare, commandant de cette École, accompagné de tout l'état-major. Les élèves étoient sous les armes, et firent devant le Roi l'exercice et les évolutions militaires qui sont une des parties principales de leur éducation. Sa Majesté passa dans les rangs et les vit ensuite défiler. Elle parut très satisfaite et daigna le témoigner avec bonté. Le Roi s'occupa de tous les détails qui ont rapport à l'éducation des élèves, à leur instruction et à leur entretien, et se fit rendre compte par le sieur Duvernay, intendant de l'École, de ce qui concerne l'administration de cet établissement, dont les fondements, encore à peine posés, promettent des avantages inestimables pour la noblesse, pour l'état militaire et pour le bien du service de Sa Majesté. »

VI.

Mort du maréchal de Belle-Isle. — Choiseul le remplace. — Des examens sont établis à partir de 1765. — Changements apportés dans le personnel militaire. — Suppression d'un aide-major et de sous-aides majors. — Déclaration royale du 24 août 1760. — Collège de La Flèche. — L'Ecole militaire de Paris devient « école spéciale ».

Le maréchal de Belle-Isle mourut le 26 janvier 1761. Le duc de Choiseul lui succéda le lendemain. Il respecta les errements de son illustre prédécesseur et l'École conserva l'organisation de 1759.

En 1765, Choiseul fit coordonner les divers règlements qui viennent d'être analysés. Les seules modifications apportées sont les suivantes : Les arrêts à genou pouvaient être infligés à tous les élèves. Un jour de congé était accordé alternativement les mercredi et jeudi de chaque semaine où il n'y avait pas de fête, pour faire une promenade avec les inspecteurs ; on y allait en bonnet. Les lettres destinées aux élèves devaient être adressées à du Verney; on brûlait celles qui leur étaient envoyées directement. Une autorisation écrite du commandant de l'École était nécessaire pour voir un élève. Ceux qui, à cause du mauvais état de leur habillement, en recevaient un de bure et devaient le porter plus de deux jours, étaient mis à la soupe.

Choiseul établit, à partir de 1765, des examens qui se passaient devant tout le personnel de l'École, — militaire, administratif, universitaire et ecclésiastique. Les examens avaient lieu, pour les mathématiques et les grammaires française et latine en janvier, et en juillet pour les autres cours. Il était décerné aux premiers de chacune des compositions, deux prix et deux accessits, classés en premier et second. Les prix consistaient en livres de sciences, de belles-lettres, d'histoire ou d'art militaire. Ils étaient reliés en veau fauve, avec tranche dorée pour les premiers et de couleur pour les seconds; sur la couverture, le sceau aux armes de l'École avec cette inscription : *Præmium et incitamentum laboris.* Sur un feuillet placé à l'intérieur étaient inscrits les motifs pour lesquels les prix étaient décernés. La distribution était faite solennellement par le ministre de la guerre, ou, en son absence, par le commandant, quinze jours après les examens. Elle avait lieu à trois heures de l'après-midi, et c'était un jour de fête pour les élèves.

Le 21 mai 1766 est une date importante pour l'état-major de l'Hôtel. Croismare fut élevé au poste de gouverneur, qu'il remplissait depuis douze ans sans en avoir le titre. Le chevalier de Bongars réunit à ses fonctions celle du lieutenant de roi, mais sans autre titre que celui de major. A cause de son grand âge, il lui fut adjoint un major en survivance, nommé Poulain de Bouju, qui reçut à cet effet une commission de lieutenant-colonel. « C'est un officier dont le caractère, l'esprit et les connaissances font juger qu'aucun n'est plus propre que lui pour remplir cette place avec distinction. »

Il fut en même temps décidé qu'il n'y aurait plus que deux aides-majors et deux sous-aides-majors.

Les appointements du chevalier de Croismare furent portés de 8,000 à 12,000 livres; Bongars, qui touchait 3,500 livres, obtint une gratification annuelle de 1000 livres.

Une déclaration royale du 24 août 1760 maintint l'institution de l'École militaire. La seule modification apportée à l'édit de janvier 1751 consistait en ce que les fils d'officiers en activité de service pouvaient dorénavant entrer à l'École sur le même rang que ceux dont les pères avaient dû se retirer pour cause de blessures ou d'infirmités. Il ne faut pas oublier qu'on était alors en pleine guerre.

Les lettres patentes du 7 avril 1764, qui établirent sur le pied militaire le collège de La Flèche, fondé par Henri IV en 1603, décidèrent, par leur article 7, que tous les nouveaux élèves admis à l'École devaient sortir de ce collège. L'École de Paris, qui comptait 250 élèves, devient dès lors *spéciale*, et le collège de La Flèche, *préparatoire*. Ce mode de recrutement subsista jusqu'en 1776, époque à laquelle le collège fut rétabli comme à son origine, pour servir à l'éducation de cent gentilshommes pauvres se destinant à la magistrature où à l'état ecclésiastique [1].

VII.

Troisième phase de l'Ecole. — Licenciement des inspecteurs des études. — Les élèves divisés en cinq compagnies commandées par des officiers-élèves.— Bizot est nommé directeur des études. — Plan des études. — Répartition des cours.—Gratification allouée à la sortie de l'Ecole et don d'un uniforme et d'un trousseau. — Suppression d'une compagnie d'élèves. — Logements à l'Hôtel. — Le marquis de Timbrune. — Mort de Louis XV. — Un service anniversaire est célébré tous les ans le 10 mai.

En 1769, l'Ecole entre dans sa troisième phase. Un remaniement complet a lieu à dater du 1er octobre. Les inspecteurs des études sont licenciés et le commandement des compagnies est redonné à des officiers de l'armée.

L'état-major comprend le gouverneur, un lieutenant de roi, un major, trois aides-majors, cinq capitaines en premier d'élèves, cinq sous-aides-majors, cinq capitaines en second et dix capitaines des portes, qui ne sont plus choisis exclusivement parmi des bas-officiers invalides. Bongars est nommé lieutenant de roi titulaire, et Bouju, major. A l'exception du gouverneur, du lieutenant de roi et du major, aucun de ces fonctionnaires ne pouvait loger à l'Hôtel avec sa famille.

Les élèves furent divisés en cinq compagnies, partagées chacune en cinq escouades et composées d'un capitaine et d'un lieutenant élèves, de deux sergents, trois caporaux, trois *appointés* [2] et d'un nombre de fusiliers proportionné à celui des élèves existant dans l'École. Le sergent-major élève est conservé. Les officiers-élèves ne font plus les fonctions de leur grade que pendant les manœuvres et exercices.

On attache à chaque compagnie un capitaine, un sous-aide-

---

[1] Ordonnance du 28 mars 1776.

[2] Dénomination qui, depuis 1762, remplaçait celle d'*anspessade*.

major, un capitaine en second et deux capitaines des portes. Ils étaient de service à tour de rôle et spécialement chargés de la conduite, de la police et de la discipline. Les exercices n'eurent plus lieu que les dimanches et fêtes et les jours de congé, de sept heures et demie à neuf heures et demie, du 15 avril au 15 octobre, et de dix heures un quart à midi un quart le reste de l'année.

Les autres prescriptions des règlements du maréchal de Belle-Isle sur la police et la discipline de l'École, ainsi que les instructions aux professeurs, sont maintenues.

Un nouveau plan d'études, réglé par Bizot [1] qui devint directeur des études, et adopté par le duc de Choiseul, fut mis en vigueur à dater du 1er octobre 1769 [2].

Pour les cours on forma les élèves en quatre divisions et chaque division en trois classes : les forts, les médiocres, les faibles.

Les élèves sortant du collège de La Flèche étaient toujours placés dans la première division.

Toute l'année, chaque classe commençait à sept heures du matin et finissait à sept heures un quart le soir. Les classes de chacune des divisions se tenaient aux mêmes heures et avaient la même durée; les matières enseignées étaient semblables dans les trois classes, en tenant compte, bien entendu, de la force des élèves.

---

[1] Jean-Louis Bizot (1702-1781), ingénieur et écrivain.

[2] Le directeur des études tenait registre de la conduite et des notes des élèves. Voici un extrait du « registre du directeur des études de l'Ecole royale militaire » :

3e *Division.* — 1re *classe.*

« M. de N..., 3e compagnie, no 14, épaulette.

« La conduite de cet élève est toujours on ne peut plus régulière. Il ne s'est jamais démenti en rien. Il ne manque pas de dispositions. Il s'applique moins aux mathématiques depuis qu'il a renoncé au projet d'entrer dans le génie.

« Il a vu tout le cours de M. Camus et l'algèbre de M. Bezout.

« Il dessine bien la figure.

« Il apprend fort bien les ordonnances militaires.

« Il sçait fort bien l'allemand, il ne lui manque que l'usage pour bien parler cette langue.

« On est content de ses progrès au manège. »

Les cours étaient ainsi distribués :

1re DIVISION. — *Matin :* arithmétique et géométrie, écriture et dessin (figure et paysage). — *Soir* (la rentrée avait lieu à deux heures) : allemand, grammaire française, histoire et géographie. Une des trois classes allait à tour de rôle à la salle de danse, du goûter au souper.

2e DIVISION. — *Matin :* écriture et géométrie. — *Soir :* dessin de paysage, histoire et géographie, allemand.

3e DIVISION. — *Matin :* géométrie; la moitié de chacune des classes suivait un cours de dessin de fortification pendant que l'autre se rendait à la salle d'escrime. — *Soir :* dessin de fortification pour ceux qui avaient été le matin à l'escrime et escrime pour les autres; ordonnances militaires [1] et allemand.

4e DIVISION. — *Matin :* danse et allemand alternativement de deux jours l'un. — *Soir :* dessin de fortification; cours de fortification (construction, attaque et défense des places) ou escrime alternativement; ordonnances militaires.

Les élèves qui allaient au manège étaient pris dans les 3e et 4e divisions.

Les dimanches, fêtes et jours de congé étaient employés à des lectures utiles et à la correspondance.

L'étude du latin et de l'italien fut supprimée. On renonça à celle de la tactique comme réclamant des connaissances préliminaires et une expérience que l'on ne pouvait demander à des jeunes gens.

Jusqu'alors les élèves avaient pu quitter l'École à seize ans. Une ordonnance du 7 septembre 1770 recula l'âge de la sortie à dix-huit ans, le roi se réservant néanmoins d'accorder des lettres d'officier plus tôt, s'il se trouvait des jeunes gens dont l'éducation fût assez avancée pour le permettre. Enfin, le 17 mai 1773, Louis XV décida que les élèves qui auraient obtenu à l'École des grades jusqu'à celui de bas-officier inclus, seraient admis,

---

[1] Les ordonnances militaires que l'on étudiait étaient celles du 1er janvier 1766, sur les exercices et évolutions; du 1er mars 1768, sur le service des places; du 1er juillet 1727, sur les crimes et délits militaires.

Un règlement du conseil de l'École du 9 avril 1771 décida que le cours d'ordonnances n'aurait plus lieu que les dimanches, fêtes et jours de congé.

pendant la durée de leurs services, à profiter des grâces qui s'accordaient à l'ancienneté, comme s'ils avaient été faits officiers à l'âge de seize ans.

Ces deux décisions avaient pour but de ne pas avantager les mauvais élèves aux dépens des bons. En effet, les jeunes gens qui sortaient de La Flèche ne pouvaient être admis à l'École avant l'âge de quatorze ans, et ils n'en quittaient que leur éducation terminée, quelquefois à dix-neuf ans.

De ces élèves, les plus capables étaient faits bas-officiers et placés à la tête des compagnies, bien qu'ils eussent pu être nommés officiers dès l'âge de 16 ans. On donnait à leurs camarades leur exemple comme un sujet d'émulation aussi utile que les instructions qu'ils recevaient ; mais ce qui était un bien pour l'École tournait au désavantage des élèves bas-officiers. Pour eux, l'obtention des grâces qui ne s'accordaient qu'à l'ancienneté dans le grade d'officier (pensions, croix de Saint-Louis, etc.) était retardée ; ils voyaient de leurs cadets moins instruits obtenir avant eux ces récompenses à cause de leur ancienneté.

L'ordonnance du 7 septembre 1770 alloua aux nouveaux officiers, sur les fonds de l'Hôtel, une gratification pour leur procurer les moyens de rejoindre leurs corps. En outre, elle leur laissait l'uniforme complet d'élève, plus douze chemises, douze cols, douze paires de chaussons, douze mouchoirs, deux bonnets de coton, deux paires de bas, une boucle de col en argent, une paire de boucles de souliers et de jarretières, une épée d'uniforme, un ceinturon et un portemanteau de basane, le tout aux frais de l'École.

L'état-major subit une nouvelle transformation le 3 juillet 1772. Un quatrième aide-major et deux capitaines en second surnuméraires furent établis, et les cinquièmes capitaine en premier d'élèves, sous-aide major et capitaine en second, supprimés.

La table était accordée à tous les officiers, sauf aux aides-majors.

Ceux-ci avaient rang de major d'infanterie ; ils pouvaient commander dans l'Hôtel en l'absence du gouverneur, du lieutenant de roi et du major. Les survivanciers étaient considérés comme titulaires et exerçaient les fonctions de leur emploi. Pour être proposé, il fallait être capitaine dans les troupes et âgé de trente à quarante-cinq ans.

Les élèves ne formèrent plus que quatre compagnies, toujours commandées, pendant les exercices, par des officiers et sous-officiers-élèves. A chacune d'elles furent attachés un capitaine en premier, un sous-aide major et un capitaine en second, qui continuèrent à être de service à tour de rôle. Les fonctions des capitaines en second surnuméraires consistaient à remplacer ceux de ces officiers qui, pour une cause quelconque, ne pouvaient pas faire leur service. L'aide-major de service était chargé de la police générale des compagnies.

Comme on l'a vu plus haut, le gouverneur, le lieutenant de roi et le major avaient seuls eu le privilège d'habiter l'Hôtel avec leur famille. La difficulté de se loger à proximité de l'École et l'augmentation des objets de consommation poussèrent à accorder cette faveur à d'autres fonctionnaires. Elle fut étendue, le 21 juillet 1773, à l'intendant, à l'inspecteur-contrôleur général, au premier écuyer, au directeur des études, au secrétaire-garde des archives, au médecin et au chirurgien-major.

Des employés d'un ordre inférieur furent aussi admis à jouir de cette faveur. Les professeurs qui logeaient déjà à l'Hôtel avec leur famille furent autorisés à y rester ; mais il ne pouvait plus à l'avenir leur être accordé de semblables autorisations.

Croismare était mort. Il fut remplacé le 9 décembre 1773 par le marquis de Timbrune, maréchal de camp [1].

Le marquis de Timbrune appartenait à une famille militaire qui avait versé son sang sur les champs de bataille de Flandre

---

[1] Entré au service comme lieutenant au régiment du Roi (infanterie) le 19 avril 1735, il y obtint une compagnie en 1743 et fut blessé à la malheureuse affaire de Dettingen. A la paix, en 1749, Timbrune fut nommé colonel de Vermandois, avec lequel il passa à Minorque en 1756 et se trouva à l'assaut de Mahon. Brigadier d'infanterie le 20 février 1761, il rentra en France, fut nommé maréchal de camp le 25 juillet 1762 et employé en cette qualité pendant les étés de 1765 et 1766, en Roussillon. Il était sans emploi lorsque le marquis de Monteynard, alors ministre de la guerre, le désigna au choix du roi pour le poste de gouverneur de l'Hôtel de l'Ecole militaire, qui lui valut la décoration de commandeur de l'ordre de Saint-Lazare.

Il obtint le cordon rouge le 2 décembre 1778, le grade de lieutenant général le 5 décembre 1781, la grand'croix de Saint-Louis le 25 avril 1785, et enfin le gouvernement de Montpellier le 13 janvier 1788.

et d'Italie; mais ses propres services ou sa valeur personnelle ne l'eussent jamais appelé à ces fonctions, si le gouvernement de l'*Hôtel* n'eût pas été considéré comme celui d'une place forte. Timbrune, du reste, finit tristement. En 1792, il abandonna tout (il était alors inspecteur général des écoles) et émigra, laissant le chevalier de Reynaud, son sous-inspecteur, répondre au Comité de Salut public de la fuite de son chef.

Certes, on eût pu faire un meilleur choix à tous les points de vue. Si l'on recherchait la naissance, il y avait dans l'armée des représentants de familles autrement illustres que celle des Timbrune. Si la place était donnée au mérite, des officiers généraux tels que les Turpin de Crissé, les Puységur, les Wimpffen, les La Porterie, les Valfons étaient les candidats naturels. On pouvait encore choisir le gouverneur de l'École parmi les rédacteurs des ordonnances de 1762 sur la réorganisation de l'armée : c'étaient le comte de Guibert, père du célèbre tacticien, Surlaville, le baron de Falckenhayn, et d'autres encore qui avaient fait leurs preuves.

Louis XV mourut à Versailles le 10 mai 1774. D'après la volonté de Louis XVI, un service pour le repos de l'âme de son aïeul fut fondé dans la chapelle de l'Hôtel de l'École militaire. Il se célébra tous les ans, le 10 mai, jusqu'en 1787, époque où l'Hôtel fut définitivement abandonné.

VIII.

Le comte de Saint-Germain. — Ses réformes. — L'Ecole de Paris est supprimée ; dix collèges de province sont convertis en écoles militaires.— Suppression du conseil de l'Ecole. — Bureau d'administration. — Pensions accordées aux officiers, professeurs et employés de l'Ecole de Paris. — Répartition des élèves dans les troupes et les écoles de province. — Evacuation complète de l'Hôtel. — La garde des bâtiments est confiée à la compagnie de bas-officiers invalides.

Le comte de Saint-Germain venait d'arriver au pouvoir, résolu à mettre à exécution les projets sur l'organisation générale de l'armée qu'il tenait depuis longtemps en réserve, et qui n'eurent qu'un défaut, celui d'arriver trop tôt ou trop tard. Trop tôt, parce que le moment n'était pas encore venu de ne plus donner les grâces à la faveur, mais de les accorder au mérite; trop tard, parce que leur auteur n'avait plus la vigueur nécessaire pour suivre droit le chemin qu'il s'était tracé, sans se préoccuper des récriminations des courtisans. Saint-Germain agit avec mollesse et ne prit que des demi-mesures, ce qui le perdit.

Une déclaration royale du 1er février 1776 confirma l'institution de Louis XV et la destina à l'éducation de six cents gentilshommes au moins, mais en répartissant les élèves entre dix collèges de province qui prennent dès lors, chacun, le titre d'*Ecole royale militaire.*

Le secrétaire d'État conserva la surintendance. L'administration des biens et revenus de la fondation fut confiée, sous son autorité, à un *bureau* composé de quatre administrateurs. Joly de Fleury, Taboureau et Le Noir, conseillers d'État, furent chargés [1] de procéder à l'inventaire des biens meubles et immeubles de l'Hôtel de l'École, à la vérification des comptes et des titres de propriété, en un mot à une liquidation générale. Les deniers en caisse durent être versés entre les mains du trésorier de l'extraordinaire des guerres. On supprima le conseil de l'École, et officiers, professeurs et employés furent réformés, à l'exception du trésorier et du garde des archives [2]. Un arrêt du Conseil, en date du 10 mai 1776, nomma les nouveaux administrateurs et régla leurs fonctions [3]. L'ancienne administration cessa de fonctionner le 4 juillet.

Le *bureau d'administration* se réunissait tous les quinze jours, plus souvent s'il était nécessaire. Le trésorier assistait aux séances, mais n'avait que voix consultative. Ce bureau, supprimé par un arrêt du Conseil du 31 décembre 1776, exerça pendant six mois.

Des pensions furent concédées, à dater du 11 mai 1776, à tout le personnel : officiers, professeurs, chapelains, commis des bu-

---

[1] Arrêt du Conseil d'État, 11 février 1776.

[2] Ordonnance du 25 mars 1776.

[3] Les administrateurs furent : de Cotte, maître des requêtes et intendant du commerce ; Valleteau de La Fosse, maître des comptes ; d'Outremont, avocat au Parlement et procureur général du bureau des oblats ; Marchand, ancien notaire. Ils devaient être mis tout de suite en possession des titres, papiers, contrats, biens meubles et immeubles, etc., de l'Ecole.

reaux, petits employés, domestiques, etc. Elles montèrent à la somme de 65,700 livres. Celles des officiers varièrent selon le grade, les services et l'ancienneté dans l'École. Les professeurs nommés le 1er octobre 1769 eurent 600 livres ; les autres, selon la durée de leurs services. Les premiers commis des bureaux obtinrent des pensions de 1800 et de 1500 livres, et les commis ordinaires de 700 à 800 livres. La loterie, qui fut supprimée le 30 juin 1776, coûta encore à l'École 28,600 livres de pensions. On accorda la croix de Saint-Louis aux officiers qui avaient vingt ans de services, et une décision du 2 juillet 1776 assura aux autres la décoration à la révolution de leur vingt-cinquième année de services.

L'Hôtel fut destiné à recevoir les quatre compagnies de gardes du corps du roi. Il devait être évacué dans le courant du mois d'avril 1776[1].

L'École comptait alors 232 élèves, dont 181 âgés de plus de quinze ans.

Sorrèze, Tiron, Pontlevoy et Effiat reçurent chacun 1 élève, Vendôme en eut 2 : ils quittèrent l'École le 9 avril pour aller à La Flèche, où ils furent remis aux mains des supérieurs de ces divers collèges ; 40 élèves destinés à Brienne et 1 élève qui devait entrer à Rebais furent emmenés au retour de La Flèche, les 25 ou 26 avril ; enfin, 4 élèves destinés à aller suivre les cours de l'école du génie de Mézières quittèrent l'Hôtel de Paris le 8 mai. Soit, 51 élèves.

Les 181 élèves restants obtinrent, le 6 juin, des commissions de cadets-gentilshommes dans les troupes, emploi que l'on venait de créer. L'infanterie en reçut 166, répartis dans 63 régiments ; 10 entrèrent dans la cavalerie ; 1 dans les cuirassiers, 4 dans les dragons.

Une circulaire, en date du même jour (6 juin 1776), prescrivit aux colonels et mestres de camp de faire recevoir les cadets sortant de l'École, et de les placer au régiment dans les compagnies où ils avaient des parents ou des amis qui pussent les surveiller.

---

[1] Déclaration royale du 1er février 1776.

Du Pont, l'intendant, quitta l'Hôtel le 22 janvier 1777. Quelques-unes des personnes qui n'y étaient plus employées y avaient conservé leurs appartements. Elles eurent l'ordre de les évacuer au plus tard le 1er avril suivant.

La compagnie de bas-officiers invalides fut chargée de la garde des bâtiments. Elle quitta son casernement du parc de Vaugirard et vint s'installer à l'Hôtel le 1er juillet 1776. Elle avait été, à cet effet, par ordonnance du 28 juin, augmentée d'un lieutenant et de 20 hommes. Elle était, dès lors, composée d'un capitaine, d'un capitaine en second, d'un lieutenant, de 3 sergents, 3 caporaux, 3 appointés, 89 fusiliers et 2 tambours. Elle conserva le supplément de solde payée sur les fonds de l'École militaire.

L'ancienne École militaire, la fondation de Pâris du Verney et de la marquise de Pompadour, avait cessé d'exister.

IX.

Examen critique de la nouvelle organisation.

« Tout édifice militaire doit avoir pour objet uniquement l'utilité et la plus grande économie... Depuis Louis XIV, prince qui avoit l'esprit grand et élevé, toutes les institutions, tous les établissements tiennent plus de l'ostentation que de l'utilité, et rarement la raison de l'économie a été consultée. Je ne citerai que deux exemples : l'École militaire et l'Hôtel des Invalides. Dans le premier de ces établissements, il s'agit d'élever de très pauvres gentilshommes pour en faire des lieutenants d'infanterie ; l'éducation devroit toujours être proportionnée à l'état que l'homme doit avoir dans la société ; il ne s'agissoit donc que de leur former un cœur honnête, un esprit docile et un corps robuste et vigoureux ; de leur apprendre à lire, à écrire, l'arithmétique, quelque chose des mathématiques, de la géographie et des langues des nations voisines de la France ; au lieu de cela, on a fait un établissement comme s'il s'agissoit d'élever des princes. »

C'est le comte de Saint-Germain qui s'exprime ainsi dans ses *Mémoires*. Assurément c'est le but qu'il s'est proposé d'atteindre en faisant supprimer l'École de Paris et en en répartissant les élèves dans des collèges de province.

L'idée était bonne ; les événements seuls n'ont pas permis de faire des comparaisons entre l'ancien système et le nouveau, au point de vue de la valeur des officiers qui en sortirent. Disons tout de suite que l'institution de Saint-Germain a produit Clarke, Hédouville, Nansouty, Davout, etc.

Les élèves ne furent pas « dispersés », comme le prétendent les détracteurs du comte de Saint-Germain, mais « répartis » dans les divers collèges pour être plus à portée de leurs familles. A l'École de Paris, ils menaient une vie claustrale pendant toute la durée de leurs études ; ils n'en sortaient jamais pour aller se retremper au foyer paternel. Les communications étaient si difficiles alors que ce rapprochement était un véritable avantage pour les parents et pour les enfants. Ces jeunes gens n'étaient plus complètement soustraits à l'autorité paternelle. Les réprimandes du père, jointes aux punitions du maître, produisent de meilleurs résultats dans la conduite et le travail, que les punitions seules que l'on sait ne devoir pas transpirer hors de l'école ou du collège.

L'économie qui résulta de la nouvelle organisation fut considérable. Aux termes de l'édit de janvier 1751, l'École devait faire l'éducation de cinq cents jeunes gens. Mais le luxe qui y régnait était tel que les revenus permettaient tout juste d'en entretenir deux cent cinquante : c'est le nombre fixé par la déclaration royale du 7 avril 1764. Avec le nouveau système, on put instruire gratuitement six cents jeunes gens, fournir leur premier habillement aux cadets des régiments et pourvoir à la dépense de leur solde.

L'institution était plus libérale. Au lieu de suivre des cours spéciaux, affectés seulement à une certaine classe d'individus, les élèves militaires faisaient les mêmes études que les élèves civils des collèges où ils étaient placés. Ceux qui, à cause de leur fortune personnelle ou de celle de leurs parents, avaient été jusqu'alors exclus des bienfaits d'une bonne éducation militaire, purent y participer. Lorsque le comte de Saint-Germain compléta ses réformes par l'établissement d'un corps spécial de cadets, on vit les héritiers des plus grands noms solliciter à l'envi la faveur d'y être admis en payant pension. Des Montmorency, des La Rochefoucauld, des Rohan, des Lévis, des Noailles, le chevalier de Saxe, fils du comte de Lusace, avaient précédé Napoléon Bonaparte ou furent ses camarades dans la compagnie des cadets-gentilshommes de Paris.

Au point de vue spécialement militaire, qu'y a-t-il à blâmer ? Après avoir fait de bonnes études littéraires et scientifiques, les élèves du roi [1] et les élèves pensionnaires entraient, après examen, dans les troupes en qualité de cadets. Ils y faisaient le service du soldat et avaient l'uniforme du soldat, sauf une légère distinction pour les faire reconnaître des officiers. Ils devaient, en outre, passer par tous les grades de bas-officiers avant d'obtenir l'épaulette. Ils faisaient donc dans les régiments leur apprentissage du métier, s'habituaient de bonne heure à observer les principes de la discipline, et ayant dû les observer eux-mêmes, ils étaient mieux fondés à en exiger la rigoureuse application. Ils connaissaient la vie du soldat; habitués à ses besoins, ils savaient mieux y pourvoir en campagne ou dans les camps. Ce furent ces jeunes gens, devenus officiers, qui soutinrent l'honneur du drapeau français dans les plaines de Valmy et de Jemmapes.

L'établissement d'un corps de cadets-gentilshommes à l'ancien hôtel de l'École militaire de Paris compléta l'institution. Ces cadets étaient choisis parmi les élèves des collèges les plus méritants sous tous les rapports. Ils y venaient perfectionner leurs études et apprendre l'art de la guerre. C'était une *École militaire spéciale* dans toute l'acception du mot.

Saint-Germain avait eu, du reste, en faisant supprimer l'École de Paris, l'idée d'établir en province des sortes de prytanées et de fonder à Paris une école spéciale. En effet, au mois de février 1777, il chargea le chevalier de Keralio de rédiger un mémoire sur la constitution du personnel nécessaire à l'installation, à l'Hôtel de Paris, d'un corps de cadets-gentilshommes que le ministre voulait y établir.

Le meilleur éloge que l'on puisse faire du système d'éducation militaire du comte de Saint-Germain est de le rapprocher de ce

---

[1] C'est-à-dire ceux entretenus dans les collèges aux frais de la fondation de 'Ecole militaire.

qui se passe actuellement en Allemagne. Le corps des cadets est divisé en six écoles réparties dans les provinces, où l'on fait les études ordinaires, et une septième, dite supérieure, établie à Berlin ; en celle-ci on reste deux ans et les cours sont plus spécialement militaires. Au sortir de l'École de Berlin, les élèves vont faire un stage de six mois dans un régiment comme « Portepee Fähnrich ». Ils rentrent alors dans une école de guerre et en sortent officiers après avoir rempli certaines formalités exigées.

C'est le système Saint-Germain perfectionné, comme depuis un siècle s'est perfectionné tout ce qui a trait à l'art de la guerre.

Pâris du Verney avait la pensée de faire confier à Saint-Germain les fonctions de premier gouverneur de l'École. Ce rapprochement est curieux, car c'est Saint-Germain qui donna le premier coup de pioche du démolisseur dans l'œuvre du financier. Le ministre n'eut pas la consolation de voir ses modifications porter leurs fruits; il quitta le ministère le 26 septembre 1777 et mourut l'année suivante.

Son collaborateur, le prince de Montbarey, qui lui succéda au secrétariat d'État de la guerre, respecta l'œuvre à laquelle il avait participé. Seuls les principes d'économie que Saint-Germain prêchait avec tant d'insistance et qui étaient le mobile de ses réformes, ne furent pas suivis. Cela permettra dix ans plus tard à un autre ministre de faire supprimer les cadets de Paris, pour les mêmes raisons qui avaient poussé à la réorganisation de 1776.

Paris. — Imprimerie L. Baudoin et Ce, 2, rue Christine.

ÉCOLES MILITAIRES.

(1776-1793)

I.

Les dix écoles militaires. — Inspecteur et sous-inspecteur des écoles. — Sommes payées par la fondation pour l'entretien des élèves. — Dépenses aux frais des collèges. — Des élèves payant pension sont admis à suivre les cours. — Le nombre des élèves du roi est porté à six cents. — Concours pour la répartition des élèves dans les troupes. — Pensions accordées aux quatre premiers de chaque concours; ils reçoivent seuls dorénavant la croix de Saint-Lazare. — Police et discipline des nouvelles écoles. — Plan d'éducation arrêté par le comte de Saint-Germain. — Cours d'études. — Établissement d'une bibliothèque dans chaque collège. — Récompenses accordées aux professeurs.

Un règlement concernant les nouvelles écoles royales militaires parut le 28 mars 1776. Les collèges de province désignés pour recevoir les élèves de l'École de Paris ou les nouveaux admis furent ceux de Sorèze [1], Tiron, Rebais, Beaumont et Pontlevoy (bénédictins de la congrégation de Saint-Maur); Brienne (minimes); Vendôme, Effiat et Tournon (oratoriens) et Pont-à-Mousson (chanoines réguliers du Sauveur). Les collèges de Pont-à-Mousson et de Tournon ne devaient être établis qu'au mois d'octobre, et dans le cas où il serait nécessaire de porter à douze le nombre des écoles militaires, on désigna Auxerre et Dôle. Le collège d'Auxerre fut seul converti en école militaire; il compta le maréchal Davout parmi ses élèves. Chacun de ces collèges portait le nom d'*École royale militaire*, et ce nouveau titre était inscrit sur leur porte principale.

Le secrétaire d'État de la guerre conserva la surintendance

---

[1] Les bénédictins de Sorèze méritaient que leur collège fût choisi pour devenir officiellement une école militaire, car il l'était de fait. Depuis un certain nombre d'années, en effet, un ancien maréchal des logis de dragons, Jean Laugier, y était chargé du manège et, comme d'Auvergne à l'École de Paris, d'enseigner à ses élèves les exercices et évolutions militaires.

des nouvelles écoles, avec les pouvoirs qu'il avait sur celle de Paris. L'ordonnance du 25 mars 1776, qui supprima le conseil de l'ancienne École, créa une place d'inspecteur et une de sous-inspecteur des écoles : le premier, officier général; le second, colonel ou lieutenant-colonel. Leurs fonctions consistaient à inspecter et à visiter les écoles au moins une fois par an. Le marquis de Timbrune et le chevalier de Keralio [1] furent nommés à ces emplois le 30 mars.

L'intention qui présida au choix des divers collèges était de placer les jeunes gens à portée de leurs familles, afin de diminuer les frais nécessaires pour les y conduire et même les ramener dans le cas où les parents désireraient les retirer; car les frais de ces voyages étaient à la charge des parents.

Chaque collège ne devait pas recevoir moins de cinquante élèves, ni plus de soixante. La fondation payait pour chacun d'eux une pension annuelle de 700 livres, et les supérieurs ou principaux des collèges devaient loger leurs élèves chacun dans une chambre séparée, les nourrir, les habiller [2], leur enseigner ou faire enseigner diverses matières et les entretenir sains ou malades, sans pouvoir demander aucune augmentation de pension. Ils étaient également tenus de fournir les livres, le papier, les plumes, l'encre, les instruments de mathématiques et de musique, les fleurets, les prix et récompenses, « et même les menus plaisirs, lesquels sont fixés à vingt sous par mois pour les élèves jusqu'à l'âge de douze ans, et à quarante sous pour les élèves de l'âge de douze ans et au-dessus. »

---

[1] Agathon de Guynement, chevalier de Keralio, volontaire au régiment d'infanterie d'Anjou le 8 avril 1738, et major du corps des grenadiers de France, avec rang de colonel, le 1er novembre 1759, avait quitté le service le 19 mai 1761, pour aller, avec l'autorisation du roi, faire l'éducation du prince palatin Charles de Deux-Ponts. Il rentra au service comme sous-inspecteur des écoles militaires le 30 mars 1776, fut créé brigadier d'infanterie le 1er mars 1780 et maréchal de camp le 16 avril. Il se retira le 16 mai 1783, par suite des fatigues que lui occasionnaient ses inspections.

« C'était, dit le *Mémorial de Sainte-Hélène*, un vieillard aimable, des plus propres à cette fonction; il aimait les enfants, jouait avec eux après les avoir examinés, et retenait avec lui, à la table des minimes, ceux qui lui avaient plu davantage. »

[2] Le bureau d'administration décida, le 30 août 1777, qu'il serait donné aux élèves deux habillements par an, délivrés le 1er octobre de chaque année.

Pour leur permettre de parer aux frais que nécessitait la transformation des collèges en écoles militaires, il fut fait à chacun des supérieurs don de trois mois de pension sur le pied de cinquante élèves, à acquitter sur les fonds de la fondation. La pension des élèves présents était payée tous les trois mois et d'avance. Si un élève venait à décéder, le supérieur du collège n'était pas tenu de rembourser l'excédent de la pension, mais il devait subvenir aux frais d'enterrement.

Outre le don de trois mois de pension, chacun des collèges reçut par égale portion, sauf Brienne qui eut double part, les meubles et ustensiles à l'usage des élèves qui étaient dans les anciennes maisons de Paris et de La Flèche. Toutefois, ce dernier établissement, qui recevait une destination, conserva les meubles et ustensiles nécessaires pour deux cents élèves.

Chacun des « élèves du roi » avait une chambre ou une cellule séparée et fermant à clef. Toutes les chambres étaient dans un seul bâtiment ou dans une partie de bâtiment spécialement affectée à cet usage, pour qu'on fût à même de les surveiller plus facilement. Pour tout ce qui concernait l'éducation, les « élèves du roi » étaient confondus avec les autres élèves du collège.

« L'intention de Sa Majesté, dit le règlement du 28 mars 1776, dans la dispersion des élèves de l'ancienne École militaire en divers collèges ou pensionnats, étant de leur procurer, en les mêlant avec des enfants des autres classes de citoyens, le plus précieux avantage de l'éducation publique, celui de ployer les caractères, d'étouffer l'orgueil que la jeune noblesse est trop aisément disposée à confondre avec l'élévation, et d'apprendre à considérer sous un point de vue juste tous les ordres de la société : elle a soumis les supérieurs et principaux de ces collèges, dans les conventions qu'elle a fait passer avec eux, à y recevoir un nombre d'autres pensionnaires au moins égal à celui des élèves qu'elle y placera. »

Le comte de Saint-Germain a commis des erreurs ; mais on ne peut s'empêcher de reconnaître que ce langage est celui d'un grand ministre.

Outre les avantages que les jeunes gens élevés aux frais du roi pouvaient en retirer, le but de cette innovation était aussi de faire participer à « une éducation améliorée » les enfants que leurs familles voudraient y placer. Ceux-ci étaient soumis à la même discipline, aux mêmes règlements, aux mêmes méthodes d'instruction que les élèves du roi ; ils portaient le même uniforme ; en un mot, il n'y avait aucune différence entre eux, le prix étant le même pour les deux catégories de pensionnaires.

Tous les trois mois, les supérieurs des collèges envoyaient au secrétaire d'État de la guerre, en même temps que l'état de situation des élèves militaires, une liste des autres pensionnaires, qui pouvaient, si leur naissance le leur permettait, entrer également dans les troupes comme cadets-gentilshommes.

Le nombre des élèves entretenus par la fondation de l'École militaire fut porté à six cents. La durée des études dans les nouvelles écoles était de six ans pour ceux qui y entraient à l'âge de huit ou neuf ans. Ceux qui y étaient admis passé cet âge (le maximum était onze ans, et treize ans pour les orphelins) n'étaient pas astreints à ces six années d'études, si leurs progrès ou les connaissances qu'ils avaient acquises antérieurement le leur permettaient. Toutefois, en pareille occurrence, il en était rendu compte au ministre.

Les candidats devaient savoir lire et écrire et pouvoir être mis tout de suite à l'étude des langues. Le jour de leur arrivée au collège, ils subissaient un examen à cet égard ; ceux qui échouaient étaient rendus à leurs familles, mais avec faculté de se représenter l'année suivante. Il ne pouvait naturellement être reçu aucun enfant estropié ou contrefait. Toutes les anciennes conditions imposées pour l'admission à l'École de Paris furent maintenues ; de plus, les certificats de pauvreté durent dorénavant, pour plus de garantie, être contresignés par les gouverneurs des provinces ou, à leur défaut, par l'évêque diocésain.

Le remplacement des élèves sortis n'avait lieu qu'une fois par an, du 1er au 15 septembre. Les familles des enfants agréés étaient prévenues par le ministre de la guerre au mois de juillet, afin de leur permettre de faire les préparatifs nécessaires. Les supérieurs des collèges recevaient également à cette époque la liste de leurs nouveaux élèves. La lettre ministérielle servait de titre pour être admis dans les collèges, où les élèves devaient être rendus le 15 septembre au plus tard.

Outre les frais de voyage, les parents devaient fournir ce que nous appelons aujourd'hui un trousseau; en retour, les collèges équipaient complètement les élèves à leur sortie dans les troupes. Le trousseau consistait en un surtout de drap bleu, un habit de drap bleu avec parements rouges et boutons blancs[1], deux vestes bleues, deux culottes noires, douze chemises, douze mouchoirs, six cravates ou mouchoirs de cou, six paires de bas, six bonnets de nuit, deux peignoirs, deux chapeaux, deux paires de souliers, deux peignes, un ruban de queue et un sac à poudre. C'étaient, outre les ports de lettres, les seules dépenses qui incombaient aux familles, « lesdits enfants devant être entretenus de tous points par les collèges pendant la durée de leur éducation, et équipés par lesdits collèges à leur sortie de la même quantité d'effets qui auront été reçus en entrant, et ensuite conduits aux dépens du roi dans les régiments où ils seront placés cadets-gentilhommes. » Le 22 avril 1785, il fut décidé qu'à l'habit de drap bleu que les collèges fournissaient aux élèves à leur sortie, serait substitué un uniforme de la couleur affectée au corps où ils étaient placés.

Le règlement du 28 mars 1776 établit, mais à dater de 1778 seulement, un concours pour la répartition des élèves dans les troupes; ce concours avait lieu annuellement, dans les premiers jours de septembre, à l'école de Brienne, qui était la plus au centre du royaume. Chaque année, au mois de juillet, à partir de 1777, les principaux des collèges devaient adresser au secrétaire d'État de la guerre un état nominatif des élèves susceptibles de concourir.

Le concours était présidé par l'inspecteur ou le sous-inspecteur des écoles, assisté de deux examinateurs gens de lettres, qui recevaient à cet effet 1200 livres de gratification et étaient nourris et logés aux dépens de la fondation pendant la durée du concours. Les jeunes gens qui ne satisfaisaient pas aux épreuves d'un premier examen restaient à l'école de Brienne pour se préparer à un second. S'ils échouaient cette fois encore, on les rendait à leurs familles.

---

[1] Avec collet à la jésuite et les parements fermés par de petits boutons, comme il était d'usage dans les troupes. (Décision du bureau d'administration du 30 août 1777.)

A titre de prix, les quatre premiers de chaque concours recevaient, outre la pension de 200 livres comme élèves, les deux premiers une pension de 150 livres, et les deux autres une de 100 livres, à remettre lorsqu'ils auraient atteint le grade de capitaine ou s'ils quittaient le service, et la croix de chevalier-novice de l'ordre de Saint-Lazare, qui cesse d'être accordée à tous les élèves indistinctement. La pension de 200 livres prend fin avec le grade de lieutenant.

Les prix étaient remis en solennité aux titulaires par l'inspecteur général, qui décernait en même temps aux principaux et professeurs les récompenses que leur avaient méritées les succès de leurs élèves.

Avec l'autorisation du secrétaire d'État de la guerre, les jeunes gens élevés dans les écoles aux frais de leurs familles pouvaient passer ces examens et être placés comme cadets dans les troupes; mais, en fait de pensions et de croix, ils ne jouissaient d'aucun des avantages des élèves du roi. Les frais de séjour à l'école de Brienne pour la durée des examens étaient à leur charge.

Un compte rendu de ces concours était adressé au ministre par celui des inspecteurs qui y avait assisté. Il mentionnait en détail tout ce qui s'était passé et contenait l'état des élèves qui avaient à subir un second examen. Les élèves ayant satisfait aux épreuves étaient répartis comme cadets dans l'infanterie, la cavalerie et les dragons, selon l'aptitude qu'ils paraissaient avoir pour le service de l'une ou l'autre de ces trois armes. Les plus versés dans les mathématiques et le dessin étaient envoyés aux écoles de Mézières et de La Fère pour en sortir ingénieurs ou sous-lieutenants d'artillerie, après les examens ordinaires. Pour la répartition, on tenait compte des vacances existant dans chaque régiment; elle était opérée par l'inspecteur ou le sous-inspecteur, à qui avaient été, au préalable, adressées des lettres de cadets-gentilshommes en blanc.

Les nouveaux cadets recevaient leurs lettres des mains de l'inspecteur. Sitôt la fin du concours, ils partaient rejoindre leurs régiments, nantis d'un trousseau semblable à celui qu'ils avaient apporté à l'école, état et complet du trousseau vérifiés par l'inspecteur. Ils voyageaient aux frais du roi; à leur arrivée au corps ils recevaient un uniforme payé sur les revenus de l'École militaire.

Ces dispositions, en ce qui regarde les concours, ne furent pas exécutées ; mais on reconnut vite leur utilité. On ne tarda pas, en effet, à remarquer que les jeunes gens placés dans les troupes n'avaient pas tous les qualités requises pour faire de bons officiers. Aussi l'inspecteur général fut-il prévenu, le 4 novembre 1780, que les dispositions du règlement du 28 mars 1776 étaient remises en vigueur, et invité à en exiger l'application. On lui recommanda même la sévérité dans les examens.

Les élèves dont la vocation ou les dispositions se tournaient, à l'âge de douze ou treize ans au plus tard, vers l'état ecclésiastique ou la magistrature, étaient transférés au collège de La Flèche. Il ne pouvait pas en être envoyé annuellement plus de cinq. La demande était faite par les familles au ministre de la guerre ; celui-ci décidait sur rapport présenté à cet effet par l'inspecteur général des écoles, les supérieurs ou principaux.

Comme mesures de discipline et de police intérieure des nouvelles écoles militaires, les enfants ne devaient pas sortir pour aller chez leurs parents ; les supérieurs rendaient trimestriellement au surintendant un compte détaillé de la situation de leurs collèges et des progrès des élèves ; toutefois, s'il se passait dans l'intervalle quelque fait grave, ils avaient à en aviser immédiatement qui de droit ; ils devaient également faire connaître tous les trimestres aux parents des élèves les progrès accomplis, et leur adresser l'extrait qui les concernait du rapport au ministre.

Le plan d'éducation fut arrêté par le comte de Saint-Germain le 28 mars 1776. Des vues élevées y présidèrent et ce fut l'œuvre personnelle du ministre. C'est une pièce capitale que nous nous faisons un devoir de citer en entier :

« L'éducation des élèves aura pour objets principaux de rendre les corps robustes, les esprits éclairés et les cœurs honnêtes ; elle se divise de là naturellement en deux parties : la partie physique et la partie morale.

« Cette première partie, trop négligée dans les institutions modernes, est importante pour toutes les classes de citoyens, et elle l'est surtout pour celle des élèves que leur naissance appelle spécialement à la profession des armes, puisque c'est elle qui doit former le corps, endurcir le tempérament et inspirer le courage, qui est peut-être autant une vertu d'éducation qu'un don de la nature. Elle dépend d'une infinité de soins et de détails journaliers, dont une partie étant hors des idées reçues a besoin d'être indiquée ici.

« La nourriture, l'habillement, la tenue habituelle des enfants, l'espèce de leurs jeux et de leurs exercices sont les objets qu'on doit principalement considérer dans l'éducation physique de la jeunesse et qui influent le plus sur elle.

« La nourriture des élèves sera saine et frugale; on observera, surtout pour les enfants du premier âge, de leur donner très peu de viandes, et l'on y suppléera par du riz, des légumes et autres aliments nourrissants et légers.

« L'habillement des élèves sera large et aisé, de manière à ne point gêner leurs articulations; on ne leur permettra ni boucles ni jarretières, et l'on substituera à ces dernières des bretelles. On substituera de même aux cols des cravates ou mouchoirs noués. Ces méthodes seront suivies par tous les élèves jusqu'à l'âge où ils doivent sortir des collèges.

« Les élèves seront habitués à se tenir journellement dans la plus grande propreté; on les accoutumera de bonne heure à s'habiller eux-mêmes, à se peigner, à tenir leurs effets en ordre, chaque élève devant avoir dans sa chambre une armoire; en conséquence, on écartera d'eux le plus tôt possible toute espèce de service domestique.

« Afin de faciliter les soins de propreté, les élèves porteront jusqu'à l'âge de douze ans leurs cheveux coupés extrêmement courts, tant par devant que par derrière. A cet âge on laissera croître leurs cheveux des faces pour leur apprendre à les arranger eux-mêmes, et on les fera mettre en queue et non pas en bourse. Ils seront poudrés les dimanches et fêtes seulement.

« Les élèves de tout âge seront habitués à se laver journellement le visage et les mains avec de l'eau froide, et on leur fera de même fréquemment laver les pieds et toujours dans l'eau froide. S'il y a à portée des collèges une rivière ou un ruisseau où l'on puisse les mener se baigner sans danger, on les y conduira de temps en temps et dans la belle saison, et s'il y a quelque élève de l'âge de douze à quinze ans qui, par agilité et par goût, soit disposé à apprendre à nager, on le lui fera enseigner, de manière que l'émulation et l'imitation en donnent le désir aux autres et que cet exercice leur devienne familier.

« On habituera les élèves à supporter, d'abord un peu et ensuite davantage, le froid, le chaud et les rigueurs des saisons ; on les laissera, pour cet effet, aller souvent tête nue et médiocrement couverts. On leur fera faire des promenades fréquentes et par tous les temps. On renouvellera en toute saison l'air de leurs chambres et celui des salles d'étude et des réfectoires, et on tiendra toujours les poêles médiocrement chauds.

« Les lits des élèves seront composés d'une simple couchette avec une paillasse et un matelas, sans rideaux. On ne donnera aux élèves qu'une seule couverture dans la saison la plus rigoureuse, excepté aux enfants très délicats et qui exigeroient des ménagements.

« Enfin, les supérieurs et principaux des collèges ne perdront jamais de vue que la plupart des élèves sont destinés à la profession des armes, et qu'ils doivent y passer par les grades subalternes et, par conséquent, y vivre avec peu d'aisance, et qu'en les préparant par une éducation rigoureuse et pénible, le reste de leur carrière leur paraîtra doux et facile.

« Les jeux et les exercices des élèves devront tous tendre au même objet que les règles établies ci-dessus et, pour cet effet, on leur fera choisir de préférence tous ceux qui seront propres à augmenter l'agilité et la force, comme la course, le saut, la lutte, etc. On leur laissera dans les heures de récréation la plus grande liberté ; car la jeunesse a besoin de mouvement, et pour former des hommes capables d'action, il ne faut pas trop contraindre leur enfance. Il seroit même à désirer qu'on essayât dans les nouveaux collèges de bannir ou du moins de restreindre l'usage malsain de faire toujours étudier les écoliers plusieurs heures de suite assis et dans la contrainte. Il y a beaucoup d'études, telles que toutes celles qui se font de mémoire, qui seroient compatibles avec le mouvement. On ne prescrit rien à cet égard ; mais on indique les inconvénients de nos méthodes actuelles et le but vers lequel doivent se diriger les nouveaux instituteurs.

« Les exercices pour lesquels les élèves auront des maîtres, tels que la danse et l'escrime en fait d'armes, seront regardés comme des objets de dissipation et d'amusement, et, en conséquence, les leçons s'en donneront pendant les heures de récréation. Il en résultera, outre l'économie du temps, l'avantage d'exciter plus puissamment l'amour-propre des élèves par la présence de leurs camarades. On en usera de même pour la musique; car il est inutile de faire une occupation sérieuse de tout exercice qui ne doit être dans la vie de l'homme qu'un délassement de l'esprit, et il est important de donner par là aux enfants des idées justes sur la différence des études de devoir aux études d'agrément.

« La partie morale de l'éducation des élèves embrassera d'abord l'étude de la religion, qui doit en être la base; celle des langues françoise, latine et allemande, de l'histoire et de la géographie, des mathématiques, du dessin; on y joindra celle de la morale et de la logique.

« On s'attachera avant tout à l'étude de la langue françoise, comme la plus utile et celle qu'il est honteux d'ignorer; celle de la langue allemande doit être usuelle plus que théorique : on y parviendra en ayant autant qu'il se pourra des domestiques allemands et en exigeant des élèves de la parler entre eux; celle du latin doit se borner à leur donner l'intelligence de tous les auteurs classiques, mais il sera inutile de la pousser trop loin et surtout de consumer le temps des élèves à leur faire faire des vers et des amplifications de rhétorique. Les élèves qui, se destinant à un autre état que celui des armes, auront besoin d'approfondir l'étude de cette langue, seront placés dans d'autres collèges où elle deviendra un de leurs principaux objets.

« On observera de lier ensemble et de mener de front l'étude de l'histoire et de la géographie; elles feront par là une impression plus prompte et plus durable. La géographie s'enseignera surtout par les yeux, c'est-à-dire par le moyen de globes et de cartes, et, à cet effet, il sera pris des mesures pour qu'il soit imprimé des cartes à très bas prix pour que chaque élève puisse avoir à son usage un petit atlas portatif.

« Les mathématiques seront restreintes à ce qu'il est nécessaire qu'on en sache pour l'intelligence des différentes parties de l'art militaire. Il en sera de même du dessin qu'on dirigera, aussitôt que les élèves auront acquis l'habitude de manier le crayon et fait assez de progrès dans la géométrie, vers le paysage, la fortification, la castramétation, la topographie militaire.

« L'étude de la morale et de la logique pouvant beaucoup contribuer à former le cœur et l'esprit de la jeunesse, ces deux sciences entreront dans le plan d'instruction des élèves; mais on aura soin de les mettre à leur portée et de les débarrasser pour cela de toutes les superfluités méthaphysiques qui les ont trop souvent défigurées.

« Ce que la morale et les soins journaliers des maîtres devront avoir pour objet, c'est de mettre dans le cœur des élèves des sentiments de reconnaissance et d'amour pour l'État, aux dépens duquel ils sont élevés, et des principes de mœurs, de bienfaisance et d'élévation. On aura soin de joindre à cet égard les exemples aux préceptes, et pour cela on leur fera lire fréquemment l'histoire des grands hommes. On les familiarisera surtout avec la lecture de Plutarque. On ne négligera pas aussi de nourrir leur mémoire des belles scènes héroïques de notre théâtre. D'habiles instituteurs pourront leur faire de ces occupations des objets d'amusement et former ainsi leur âme en ornant leur esprit.

« On ne maltraitera jamais les élèves de paroles injurieuses et encore moins par des coups. Les coups peuvent quelquefois déranger la santé en troublant les fonctions animales; ils flétrissent l'âme, dépravent le caractère, en faisant recourir les enfants au mensonge; il faut élever par les principes de l'honneur des hommes que l'honneur doit guider toute la vie. Le meilleur genre de châtiment sera donc l'humiliation des élèves et la privation de ce qui leur plaît le plus, comme par exemple de les empêcher de jouer, de se promener, de manger avec leurs camarades, de leur faire porter quelque marque humiliante dans leur habillement, et ces moyens d'humiliation doivent même être ménagés, afin que les enfants ne se familiarisent pas avec la honte. L'espèce des récompenses doit dériver du même principe, et il faut les fonder le plus tôt qu'on le pourra sur l'honneur et les distinctions, de manière à en faire contracter le besoin à leur âme. »

Quels admirables préceptes d'éducation aussi bien civile que militaire!

L'abbé Batteux [1] fut chargé de colliger les matières destinées à former un cours d'études, pour rendre celles-ci uniformes dans les divers collèges. Les extraits d'auteurs latins furent ceux de Chompré [2]; pour cette partie de son travail, l'abbé fut aidé par un sieur Monchablon, parent et éditeur de Chompré. Vauvilliers [3] donna la partie grecque; l'abbé Millot [4] rédigea le cours d'histoire; Bouchaud [5] fit la morale; le docteur Goulin [6] s'occupa de l'histoire naturelle, et diverses autres personnes exécutèrent les parties concernant la géographie et les sciences mathématiques et physiques.

Sans pousser à fond la critique de ce cours d'études, édité chez Nyon, paru le 1er octobre 1777 et présenté au roi le 20 mars 1778 [7], on peut dire qu'il était mauvais, mal conçu, mal rédigé, les choix mal compris, trop superficiel pour l'histoire et la géographie, incomplet pour les mathématiques; il coûtait trop cher et se composait de quarante volumes [8].

Il fut ouvert un crédit annuel de 6,000 livres, à prendre sur les revenus de l'École militaire, destiné à récompenser ceux qui

---

[1] Charles Batteux (1701-1780), professeur au Collège de France, membre de l'Académie des inscriptions (1754) et de l'Académie française (1761).

[2] Etienne-Maurice Chompré (1701-1784), littérateur.

[3] Jean-François Vauvilliers (1737-1801), professeur au Collège de France, membre de l'Académie des inscriptions (1782), député aux Etats généraux, puis aux Cinq-Cents; proscrit en Fructidor; membre de l'Académie de Saint-Pétersbourg.

[4] Claude-François-Xavier Millot (1725-1785), de l'Académie française.

[5] Mathieu-Antoine Bouchaud (1719-1804), de l'Académie des inscriptions (1766), professeur au Collège de France (1774), conseiller d'État (1785), membre de l'Institut.

[6] Jean Goulin (1728-1799), érudit et médecin.

[7] *Gazette de France* du 27 mars 1778.

[8] Les matières qui composaient le « Cours d'études à l'usage des élèves de l'Ecole royale militaire, rédigé et imprimé par ordre du roi », étaient :

Petite grammaire française, latine et grecque.

Principes de littérature :

Première partie (chaque partie correspondait à une classe). — De l'apologue, avec des fables choisies de La Fontaine;

Deuxième partie. — De la poésie pastorale et de la poésie didactique, avec des morceaux choisis des poètes français;

Troisième partie. — Satire et poésie lyrique, avec des morceaux choisis des poètes français;

Quatrième partie. — Poésie dramatique en général et de la tragédie et co-

perfectionneraient ce cours d'études. Le 1er janvier 1777, l'abbé Batteux obtint sur ce crédit une pension de 2,400 livres ; une somme de 4,300 livres fut allouée en gratifications, le 14 juillet 1777, à ses collaborateurs.

---

médie en particulier, avec des extraits de Corneille, Racine, Molière ;

Cinquième partie. — Poésie épique, avec des extraits de la Henriade, du Lutrin et de l'Art poétique ;

Sixième partie. — Genres en prose, avec morceaux de Fléchier, Bossuet, Bourdaloue.

Auteurs latins (extraits) :

Première partie. — Sulpice Sévère, Eutrope, Aurélius Victor ;

Deuxième partie. — Cornélius Népos, Justin, Quinte-Curce, César ;

Troisième partie. — Cicéron, Salluste, Suétone ;

Quatrième partie. — Végèce, Velleius Paterculus, Valère Maxime, Aulu-Gelle, Florus, Frontin, Macrobe, Quintilien, Columelle, Supplément à la Rhétorique de Cicéron ;

Cinquième partie. — Tite-Live, Vitruve, Sénèque, Celse ;

Sixième partie. — Extraits de Tacite, Vie d'Agricola, extraits de l'Histoire naturelle de Pline, Lettres de Pline le jeune, Harangues choisies des historiens latins, Catilinaires de Cicéron et Discours pour Marcellus et pour Archias.

Abrégés d'Histoire :

Histoire sainte, ancienne, romaine, de France, première et deuxième parties de l'Histoire universelle, de Bossuet.

Poètes latins :

Première partie. — Phèdre ;

Deuxième partie. — Plaute (Amphitryon, l'Aululaire, les Captifs), Térence (l'Andrienne, Héauton, Timorumène, les Adelphes, le Phormion), Bucoliques de Virgile ;

Troisième partie. — Satires d'Horace, les Géorgiques ;

Quatrième partie. — Les Epîtres d'Horace, les deux premiers livres de l'Enéide ;

Cinquième partie. — Les Odes, les livres III à IV de l'Enéide ;

Sixième partie. — L'Art poétique, trois des six derniers livres de l'Enéide, partie du troisième chant de la Poétique de Vida.

Auteurs grecs :

Première partie. — Fables d'Esope ;

Deuxième partie. — Extraits de l'Evangile de saint Mathieu ;

Troisième partie. — Dialogues des Morts de Lucien ;

Quatrième partie. — Isocrate à Démonique ;

Cinquième partie. — Extraits d'Hérodote et d'Homère ;

Sixième partie. — Première Olynthienne de Démosthène et extraits de l'Iliade.

Logique et grammaire générale.
Arithmétique et algèbre.
Géométrie et sphère.
Specimen methodi scholasticæ philosophiæ.
Histoire naturelle.
Catéchisme de l'abbé Fleury.

L'excédent de ce fonds annuel fut employé à former successivement, dans chaque collège, « une bibliothèque à l'usage des élèves, ainsi qu'un cabinet de physique et de mécanique suffisant pour les principales expériences et démonstrations, desquelles on pourra faire un objet de récréation et de récompenses pour les élèves qui annonceront le plus d'intelligence et auront le plus avancé dans les autres parties de leur éducation, dont on devra s'occuper par préférence ». Bibliothèques et cabinets de physique n'appartenaient pas aux collèges.

Les quatre professeurs du collège dont les élèves avaient eu le plus de succès au concours annuel, recevaient chacun une médaille d'or de la valeur de 150 livres. Ces médailles étaient remises par l'inspecteur général et portaient d'un côté le buste du roi et de l'autre l'inscription suivante : *Prix de bon instituteur*. Le roi se réservait, en outre, d'accorder d'autres récompenses « utiles et honorables » aux supérieurs, principaux, professeurs et régents dont les élèves se feraient remarquer.

II.

Etablissement à l'hôtel de Paris d'un cours d'instruction et d'un corps de cadets. - Boursiers et pensionnaires. — Fusion du cours d'instruction et du corps de cadets en une compagnie. — Personnel militaire. — Cours d'études. — Confirmation des revenus et privilèges de la fondation de l'Ecole militaire. — Ordonnance du 11 janvier 1778. — Critique de ses dispositions. — Ouverture des cours. — Divisions et classes. — Cours spéciaux à l'usage des aspirants à l'artillerie et à la marine. — Organisation militaire de la compagnie de cadets.

Le comte de Saint-Germain voulut compléter ses réformes par la création d'une école spéciale militaire, qu'on pourrait presque appeler école militaire supérieure. Il cherchait aussi à procurer aux fils de familles riches la possibilité d'acquérir une bonne instruction militaire. Le 17 juillet 1777 une ordonnance fut rendue « portant établissement d'un corps de cadets et d'un cours d'instruction à l'hôtel de l'École royale militaire ».

Ce corps de cadets était placé sous le commandement en chef de l'inspecteur général et du sous-inspecteur des écoles militaires. On y admettait les élèves des écoles et des jeunes gens payant pension. Les premiers étaient nommés au mois d'août de chaque année sur la présentation de l'inspecteur général; les seconds, au mois de juin. Ceux-ci avaient à faire les preuves de noblesse exigées, à produire un certificat de bonne constitution et à subir un examen. Des étrangers même pouvaient avoir entrée dans le corps, et tous devaient être âgés de 13 à 15 ans. A leur sortie, ils étaient placés comme officiers dans les différentes armes, selon l'aptitude qu'ils avaient montrée.

Les jeunes gens élevés aux frais de leurs familles acquittaient une pension de 2.000 livres payable par trimestre et d'avance, et versaient à l'entrée une somme de 400 livres pour leur équipement. Une fois admis dans le corps des cadets, il n'y avait aucune distinction entre les boursiers et les pensionnaires, qui ne devaient pas recevoir d'argent de leurs familles.

Les prix et récompenses à décerner aux élèves furent supprimés et remplacés par l'admission dans les cadets de l'hôtel de l'École militaire. La nouvelle école devait entrer en activité le 1er octobre 1777 et se composer de 50 cadets, tous choisis parmi les meilleurs sujets des écoles militaires.

Le prince de Montbarey, qui avait succédé à Saint-Germain au ministère, proposa d'effacer la distinction qui séparait les deux classes (le corps d'élèves instruits et élevés aux dépens de l'hôtel et le corps de cadets-gentilshommes élevés et instruits avec eux aux frais de leurs familles), afin de n'en plus former qu'une compagnie de cadets-gentilshommes, composée militairement; c'est ce qui fut exécuté par l'ordonnance du 18 octobre 1777.

Il fut donc établi dans l'hôtel de l'École militaire une compagnie de cadets-gentilshommes composée d'un nombre indéterminé de cadets. Cette compagnie était commandée par un capitaine ayant rang de lieutenant-colonel et par l'aide-major et les deux sous-aides-majors qui existaient alors à l'hôtel et ceux qui seraient nommés à l'avenir[1]. Tous relevaient des inspecteurs, qui commandaient à l'hôtel sous l'autorité du ministre surintendant.

---

[1] Des emplois de troisième et de quatrième sous-aides-majors furent créés le 23 janvier 1779.

Un commissaire des guerres, chargé d'en constater l'effectif et d'en faire les revues, devait être attaché à la compagnie. L'office fut créé par édit donné au mois de février 1778, et confié le 22 avril à Pierre-Louis David, premier secrétaire du département de la guerre, qui avait dû, comme les autres premiers commis, se pourvoir en 1776 d'une charge de commissaire des guerres et avait été nommé ordonnateur le 1er janvier 1778. Lorsque le prince de Montbarey présenta en blanc la feuille de nomination au roi, celui-ci lui dit : « Monsieur, je donne cette place au sieur David, votre premier secrétaire; je sais que c'est un bon sujet et je veux le récompenser. » Le commissaire des guerres se tenait à l'Arsenal.

Les candidats aux places de cadets devaient être âgés de 14 à 16 ans, produire les pièces exigées, satisfaire à l'examen prescrit par l'ordonnance du 17 juillet 1777 et payer la pension qu'elle avait fixée. Le roi se réservait toutefois de placer dans cette compagnie et d'y entretenir à ses frais ceux des élèves des écoles qui se seraient fait remarquer par leur bonne conduite, leur docilité, leur aptitude aux sciences et les progrès qu'ils avaient réalisés dans leurs études; ces derniers étaient nommés sur la présentation des inspecteurs. Les demandes d'admission des cadets payants devaient être adressées au ministre, qui accordait au nom du roi. Des étrangers pouvaient également s'y faire recevoir en remplissant les conditions imposées aux jeunes gens nés en France. Le cours d'études roulait uniquement sur les langues vivantes, l'histoire et la géographie, les mathématiques, les fortifications et le dessin, la danse, l'escrime et l'équitation.

Cette même ordonnance du 18 octobre 1777 confirma « toutes les donations, dotations, concessions et aliénations faites au profit de la fondation de l'École royale militaire, ainsi que les privilèges dont elle a toujours joui ou dû jouir. » Cela n'empêcha pas les fermiers généraux, par l'organe de Necker, de réclamer contre les privilèges accordés à l'hôtel. Ils prétendaient que l'École avait été supprimée, que la compagnie de cadets n'était qu'un pensionnat, et qu'en conséquence les privilèges qui se trouvaient par ce fait abolis tombaient à la charge du roi. Les administrateurs de l'École protestèrent contre les prétentions des fermiers généraux, qui furent déboutés par arrêt du Conseil des dépêches en date du 11 avril 1778.

Le baron de Moyria, capitaine au régiment du colonel-général de la cavalerie, fut choisi pour commander la compagnie. « C'était un sujet très instruit, fait pour être employé à tout. » Sa commission, qui est datée du 18 octobre 1777, lui donna le rang de lieutenant-colonel. Elle le chargea du commandement de la compagnie, de l'exercer, de veiller à la fois à l'instruction, à la tenue, à la discipline et à la police, tenant la main à ce qu'officiers, bas-officiers et cadets vécussent en bonne intelligence.

Le manège fut rétabli au mois de septembre 1777. On le confia de nouveau à d'Auvergne, qui, en mars 1779, reçut l'autorisation de donner des leçons d'équitation à six élèves externes autres que ceux de la compagnie de cadets. Ces élèves externes, nommés par le ministre, ne pouvaient séjourner plus d'un an au manège[1], alors réputé la meilleure école d'équitation. Les élèves externes du manège devaient fournir un cheval, qui leur était rendu à l'expiration de leur année d'instruction. Pour soulager d'Auvergne dans ce surcroît de besogne, il lui fut adjoint, le 3 juin 1779, un second écuyer[2].

Les lettres de cadets pour la compagnie de l'École s'expédiaient au nom du marquis de Timbrune. Le 21 juin 1780, il fut décidé que ces lettres et celles pour donner rang de sous-lieutenants seraient adressées directement au baron de Moyria. On revint sur cette décision le 9 mai 1781, et elles furent de nouveau envoyées au marquis de Timbrune.

Les lettres pour tenir rang de sous-lieutenant dans les troupes étaient expédiées aux cadets de la compagnie de l'École à l'époque de la révolution de leur seizième année[3]. L'ordonnance du

---

[1] Décision du 3 novembre 1784.

[2] René-Guillaume de Bongars, lieutenant aux carabiniers, neveu de l'ancien lieutenant de roi de l'Ecole, et lui-même élève de d'Auvergne. Cet emploi valait une commission de capitaine réformé avec 450 livres d'appointements, un traitement de 2,400 livres, le blanchissage et le logement à l'hôtel.

[3] Il fut fait des exceptions pour l'âge d'admission. Le ministre avait autorisé, rarement d'abord, puis chaque fois qu'elle lui était demandée, la réception de jeunes gens âgés de 13 ans. La situation fut régularisée le 31 août 1782 par une décision qui abaissa l'âge d'admission à 13 ans, et régla que les lettres de sous-lieutenant seraient accordées aux cadets à 15 ans révolus, au lieu de 16, puisque les lettres de cadets leur étaient délivrées du jour de leur entrée dans la compagnie.

11 janvier 1778 qui prescrivit cette disposition décida, en outre, que les cadets prendraient rang dans les troupes à dater de leurs lettres de sous-lieutenant, pourvu qu'ils eussent passé deux ans dans la compagnie. Cette dernière condition était indispensable pour être placé dans un régiment. Les cadets n'étaient pas obligés de sortir de l'École au reçu de leurs lettres de sous-lieutenants et pouvaient y rester tout le temps reconnu nécessaire pour perfectionner leur instruction.

Les ordonnances des 18 octobre 1777 et 11 janvier 1778 soulevèrent de justes critiques. « Il eût été plus juste, disait-on, de n'expédier des lettres pour tenir rang de cadet-gentilhomme aux cadets de la compagnie de l'École qu'à 15 ans révolus, et à leur seizième année révolue, des lettres pour tenir rang de sous-lieutenant, mais sans pouvoir le porter dans les régiments, où ils ne prendraient rang que du jour où ils y seraient placés, et naturellement aux premières vacances.

« Ainsi, ils avaient leur ancienneté pour les récompenses honorifiques et ne primeraient pas les cadets des régiments, qui tous étaient plus âgés qu'eux. C'est ce qui avait lieu pour les pages, qui, à 16 ans, étaient réputés officiers, mais n'en portaient point le rang dans les régiments.

« Pour rétablir une sorte d'égalité entre les sous-lieutenants et les cadets, et empêcher que ceux-ci ne fussent continuellement retardés tant par les pages qui entraient avec le rang de sous-lieutenant que par les cadets de la compagnie de l'hôtel, qui arrivaient avec pareil rang, on proposait de régler que lorsqu'on expédierait une sous-lieutenance à un cadet-gentilhomme, on lui délivrerait en même temps un ordre pour tenir rang de sous-lieutenant du jour qu'il aurait été fait cadet. Alors les cadets de la compagnie de l'hôtel auraient pu porter sans difficulté leur rang de sous-lieutenant dans les régiments, et il leur serait resté l'avantage de jouir de ce rang dès l'âge de quinze ans juste, ce qui serait rarement arrivé aux autres cadets.

« L'article 1er de l'ordonnance du 11 janvier 1778, disait-on encore, est en contradiction avec l'ordonnance du 25 mars 1776. Ainsi, un cadet de l'École avait rang de cadet à 14 ans, tandis que dans les troupes, on ne pouvait avoir ce rang qu'à 15 ans. Le cadet de l'École obtenait des lettres d'officier à 16 ans, et comme il lui était permis d'entrer à la compagnie dans sa seizième année, il pouvait être fait officier un mois et même moins après son entrée, et lorsqu'à 18 ans il était admis dans les troupes, par son ancienneté il se trouvait commander à des cadets-gentilshommes devenus officiers, qui avaient plus de service et d'âge.

« Si l'on alléguait pour couvrir cette faveur que les cadets de Paris étaient des élèves choisis dans les écoles de province, on pouvait répondre que des jeunes gens n'étaient admis dans la compagnie que grâce à la fortune de leurs parents qui leur permettait de payer la pension. Dans l'ancienne École, les élèves choisis pour être faits bas-officiers des compagnies avaient le rang d'officier du jour de leur nomination à ces grades, mais ne le portaient pas dans les régiments; il ne leur servait que pour compter leur ancienneté de services pour la croix ou les pensions. »

Ces critiques justes et modérées furent soumises au prince de Montbarey le 1er février 1778. Elles avaient pour objet d'éviter de former deux classes parmi les anciens élèves des écoles et surtout d'en rendre une privilégiée. Cette dernière étant accessible aux jeunes gens riches, c'était de plus aller à l'encontre des réformes récentes du comte de Saint-Germain, qui avait eu le courage de chercher à donner au mérite le pas sur la richesse et les droits de la naissance.

Ces observations restèrent sans réponse. D'abord, Louis XVI avait de « l'éloignement pour les changements à faire aux ordonnances », selon une expression du maréchal de Ségur parlant au roi lui-même ; ensuite, l'ordonnance du 11 janvier 1778 avait été rendue à l'instigation du marquis de Timbrune et du chevalier de Keralio, dont l'argument principal avait été aussi de ne pas créer deux classes parmi les élèves sortis des écoles de province, et de ne pas favoriser les cadets-gentilshommes des troupes aux dépens de ceux de la compagnie de l'École. Les observations faites au ministre montrent que le contraire avait lieu.

L'ouverture des cours se fit le 6 janvier 1778; la compagnie n'était composée que de 6 cadets. Il y en eut 34 au 1er avril ; on établit alors deux classes et l'on prescrivit la création de cours de langue anglaise, de grammaire française et d'écriture, cours non prévus dans l'ordonnance. La compagnie atteignit le 14 septembre 1778 le chiffre de 60 cadets, en trois classes; le 21 juin 1779, de 75 cadets en quatre classes; enfin, de 100 cadets, le 8 mai 1780.

La compagnie fut alors formée en deux divisions, de trois classes chacune. On créa, en outre, une classe spéciale pour les aspirants à l'artillerie et à la marine. Cette classe se tenait de cinq à sept heures du soir; on y apprenait le cours de mathématiques de Bezout. On ne forma pas de classe spéciale pour les aspirants au génie; au mois d'août 1781, il ne s'en était encore présenté que deux; on leur donna seulement des répétitions de mathématiques d'après le cours de l'abbé Bossut.

Le manège fut aussi partagé en deux divisions, également de trois classes; les divisions étaient: anciens et commençants. Classes et divisions alternaient d'un jour à l'autre. Une moitié de la classe allait au manège de sept heures un quart à neuf heures trois quarts; l'autre de neuf heures trois quarts à midi un quart, pour que les mêmes élèves ne manquassent pas toujours les mêmes cours.

Au mois d'août 1781, la compagnie de cadets arrivait au chiffre de 117, et l'on comptait sur 150 pour le mois d'octobre.

On adopta alors la division suivante des cours et leçons pour les trois classes de chacune des divisions :

Premier jour.

De 7 heures à 9. — Mathématiques, danse, fortification.

De 10 heures à 12. — Grammaire française, géographie, allemand.

De 2 heures à 4. — Fortification, dessin, danse.

De 5 heures à 7. — Allemand, escrime, géographie.

Deuxième jour.

De 7 heures à 9. — Danse, mathématiques, dessin.

De 10 heures à 12. — Géographie, grammaire française, escrime.

De 2 heures à 4. — Dessin, fortification, mathématiques.

De 5 heures à 7. — Escrime, allemand, grammaire française.

Pour la même période de temps, la désignation des cours est placée dans l'ordre des classes. Ainsi, pendant que la première classe d'une division suivait un cours de mathématiques, la seconde classe était à la salle de danse, et la troisième étudiait la fortification. De même, le troisième jour, on reprenait la série des cours du premier, et ainsi de suite.

Les jours de congé (jeudis, dimanches et fêtes), les cadets avaient quatre heures d'études, deux le matin et deux le soir. Ils les consacraient à la lecture de bons livres et à faire leur correspondance; les cadets qui étaient loin d'être des calligraphes recevaient des leçons d'écriture. On ne faisait l'exercice que les jours de congé, car on considérait cela comme une récréation; il en était de même pour les leçons de voltige.

Les cours spéciaux à l'usage des aspirants à l'artillerie et à la marine furent maintenus. Ces cours se donnaient deux fois par jour et pendant que les leçons de mathématiques, de dessin et de fortification étaient suivies par les autres cadets. Les aspirants à la marine, seulement, avaient un cours de langue anglaise les jours de congé.

On donna à la compagnie une organisation semblable à celle des régiments. Le projet, soumis au roi, fut approuvé par lui le 19 mai 1784. La compagnie était partagée en quatre divisions, commandées chacune par un cadet, sous l'autorité d'un sous-aide-major de l'hôtel; les divisions étaient elles-mêmes formées en peloton aux ordres de cadets. Les quatre divisions avaient un commandant en chef cadet-gentilhomme. Ce dernier portait trois galons d'argent à chaque manche, disposés parallèlement deux sur les parements et le troisième sur l'avant-bras. Les chefs de division avaient un galon sur chaque avant-bras; les chefs de peloton, un galon sur l'avant-bras droit seulement.

Tous devaient concourir à maintenir le bon ordre et la discipline; ils avaient autorité sur leurs camarades et pouvaient, en dehors des classes bien entendu, leur infliger des punitions dont ils avaient à rendre compte.

L'ordre de Notre-Dame du Mont-Carmel avait été séparé, pour la croix, de celui de Saint-Lazare de Jérusalem. Un règlement, rendu par le grand-maître de ces ordres, le comte de Provence, le 21 janvier 1779, et approuvé par le roi le même jour sous forme d'ordonnance, décida que la croix de l'ordre de Notre-Dame du Mont-Carmel serait exclusivement réservée aux élèves de l'École militaire. Le secrétaire d'État de la guerre devait présenter tous les ans un état des six élèves les plus distingués sur le point de sortir de l'École. Le grand-maître en choisissait trois pour être reçus chevaliers. La nouvelle croix portait d'un côté l'effigie de la Vierge, et de l'autre un trophée orné de trois fleurs de lys; elle était suspendue à la boutonnière de l'habit par un ruban cramoisi.

Chacun des trois chevaliers recevait sur l'ordre une pension de 100 livres courant du 1er janvier qui suivait leur réception. Ils la conservaient tant qu'ils étaient au service, à moins que des blessures ou des infirmités contractées en campagne ne les forçassent à se retirer. Cette pension se cumulait avec celle d'élève.

Ceux de ces chevaliers qui auraient « le bonheur de faire à la guerre une action de courage et d'intelligence qui eût un grand éclat et de grands avantages », étaient, sur l'attestation du général en chef et du ministre de la guerre, immédiatement décorés de l'ordre de Saint-Lazare. C'était le seul cas où les deux croix pussent être réunies. Les anciens élèves reçus chevaliers-novices des ordres réunis continuèrent à porter leur croix, mais ne purent prétendre aux pensions sur l'ordre[1].

Par ordonnance du 13 mai 1779, la chapelle de l'École fut attachée à perpétuité à l'ordre de Saint-Lazare pour y faire les cérémonies et tenir les chapitres. Les chapelains étaient toujours nommés par le roi et la chapelle desservie par eux pour l'École ; seulement ils remplissaient les fonctions ecclésiastiques aux cérémonies de l'ordre et en furent, à cet effet, déclarés chapelains. Ils étaient décorés de la petite croix tant qu'ils étaient chapelains de l'École. Cinq autres chapelains étaient nommés par le grand-maître pour parfaire le nombre réglementaire de dix exigé par les statuts de l'ordre; mais ils ne remplissaient de fonctions ecclésiastiques que les jours de cérémonies.

---

[1] Les ordres de Notre-Dame du Mont-Carmel et de Saint-Lazare de Jérusalem furent supprimés le 30 juillet 1791. Par décret du 28 mars 1792, les domaines qui constituaient leur dotation furent réunis aux biens nationaux, et les pensions sur les ordres cessèrent d'être payées.

Le 22 octobre 1784, un enfant qui devait plus tard remplir le monde de sa renommée et porter la puissance de la France à son apogée, fut admis dans la compagnie de cadets-gentilshommes établie à l'hôtel de l'École militaire. Voici son inscription textuelle sur les contrôles de la compagnie : « 22 octobre 1784, de Buonaparté (Napoleone), né le 15 août 1769. E. (élève du roi). »

III.

Création d'un nouveau bureau d'administration. — Directeur général des affaires. — Trésorier. — Contrôleur de l'Hôtel. — Nouvelle forme d'administration. — Rétablissement des trois conseils : d'administration, d'économie, de police. — Leurs attributions. — Logements à l'Hôtel. — Le chevalier de Reynaud de Monts. — Rétablissement de la direction générale des études. — Valfort.

Le bureau d'administration établi par la déclaration royale du 1er février 1776 et l'arrêt du Conseil du 10 mai, avait été supprimé par un autre arrêt du 31 décembre. Un nouveau bureau d'administration fut constitué par ordonnance du 4 janvier 1777. Il se composait du secrétaire d'État de la guerre, président, de l'inspecteur général, du sous-inspecteur, du supérieur général des aumôniers militaires et d'un directeur général des affaires[1]. Tous avaient voix délibérative au bureau et habitaient l'hôtel, dont l'inspecteur général était gouverneur; le sous-inspecteur y commandait.

Le bureau s'assemblait une fois par semaine; plus souvent s'il était nécessaire. Il était tenu des procès-verbaux de ses séances, parafés par un des administrateurs et adressés au surintendant qui approuvait les délibérations pour qu'elles pussent recevoir leur exécution. Rien ne pouvait être fait à l'École sans

---

[1] L'emploi de directeur général des affaires fut créé par cette ordonnance du 4 janvier 1777. Il y fut pourvu le 20 janvier, et le titulaire, du Boys, frère du commandant de la garde de Paris, reçut en même temps un brevet qui l'autorisait à prendre la qualité de commissaire des guerres et à en porter l'uniforme ; mais ce titre ne lui en attribuait ni les fonctions ni le traitement, c'était uniquement pour rehausser l'éclat de l'emploi. Il eut cependant, le 18 avril, un ordre de faire les revues de la compagnie de bas-officiers invalides chargée de la garde de l'Hôtel.

la décision du bureau [1]. Le sécrétaire-garde des archives tenait la plume et avait voix consultative.

Le trésorier, dont l'office avait été rétabli par lettres patentes du 10 avril 1776, n'assistait aux séances du bureau d'administration que lorsqu'il y était appelé ; il était tenu toutefois de se trouver à l'hôtel les jours de séances, afin de pouvoir répondre aux convocations qui lui seraient faites. Chaque mois, il remettait l'état de sa caisse, préalablement vérifiée par le directeur général des affaires, ainsi que les bordereaux des recettes et des dépenses, visés également et accompagnés des pièces justificatives.

Le bureau d'administration réglait tous les détails relatifs à la manutention économique et journalière de l'hôtel et de ses dépendances, à l'entretien des bâtiments, etc. ; il traitait, enfin, les diverses questions concernant la gestion des biens et revenus de l'École. Il devait aussi faire acquitter exactement les charges anciennes et ordinaires de la fondation, telles que les pensions d'anciens élèves ou d'officiers réformés, la solde des cadets-gentilshommes, etc.

Un emploi de contrôleur de l'hôtel fut créé le 18 octobre 1777. Les fonctions consistaient à veiller à ce que la plus grande économie fût apportée dans les dépenses et détails intérieurs de l'hôtel, à la propreté et à la bonne tenue des personnes et des logements.

Le contrôleur, logé à l'hôtel, visitait les réfectoires et l'infirmerie ; il inspectait une fois par semaine les chambres des cadets. Il avait la direction des bureaux de consommation et de dépense et arrêtait les ordonnances de payement expédiées par le bureau d'administration. Il assistait à la réception des fournitures de vivres et veillait à ce qu'elles fussent de bonne qualité. Son traitement était de 10,000 livres.

A la mort du directeur général des affaires, arrivée en 1783, les deux emplois furent réunis, en exécution de l'ordonnance du 6 novembre 1779, qui avait prescrit l'extinction éventuelle de l'une ou l'autre de ces charges pour n'en plus former qu'une sous le nom de « contrôle général ». Les fonctions du contrô-

---

[1] Décision du 2 octobre 1777.

leur étaient importantes : aucune dépense ne pouvait se faire, soit dans les bâtiments, soit dans les approvisionnements de toute nature, que la nécessité n'en eût été reconnue en sa présence ; on ne pouvait rien sortir des magasins que devant lui. Aussi, à la reconstitution des trois conseils, le 6 novembre 1779, y siégea-t-il à la place du trésorier, dont la présence fut jugée inutile.

Cette ordonnance du 6 novembre 1779 régla une nouvelle forme d'administration, qui subsista jusqu'à la suppression définitive des Écoles. Aucune décision ne peut être prise sans la participation du secrétaire d'État de la guerre, ni être exécutée sans son approbation expresse. En l'absence du ministre, l'inspecteur général jouissait des mêmes droits, mais il était tenu de rendre compte de ses actes.

Le sous-inspecteur est chargé de correspondre avec les écoles et de les inspecter[1]; au directeur général des affaires incombent les affaires extérieures, et le contrôleur de l'hôtel a l'administration économique intérieure. Tous trois rendaient compte de leurs actes à l'inspecteur général ; en outre, les deux derniers en rendaient compte également aux conseils d'administration, d'économie et de police que l'ordonnance rétablissait.

Le commandant de la compagnie de cadets est seul responsable des études et exercices des gentilshommes confiés à ses soins. Il peut déléguer une partie de ses pouvoirs aux cinq officiers-majors; ces derniers lui rendent un compte journalier, et leurs observations principales sont déférées à l'inspecteur général. Le commissaire des guerres de la compagnie réunit à ses anciennes attributions la police, et fait les revues de la compagnie d'invalides.

Le *conseil d'administration* se tient tous les mois ; il est présidé par le surintendant et composé de l'inspecteur général, du sous-inspecteur, du commandant de la compagnie de cadets, du directeur général des affaires et du contrôleur de l'hôtel[2]. Dans ce

---

[1] Les frais de tournée d'inspection se montaient en moyenne à 3,400 livres.

[2] L'aide-major de l'hôtel, Louis de La Noix, fut admis dans le conseil le 24 janvier 1784. Cette « distinction », accordée sur la demande du marquis de Timbrune, était toute personnelle, sans tirer à conséquence.

conseil se traitent toutes les questions relatives à l'administration générale. Le trésorier y présente l'état mensuel de sa caisse; tous les trimestres, il remet l'état des consommations de tout genre opérées durant le trimestre écoulé; il soumet, dans le premier trimestre de chaque année, le compte des recettes et des dépenses de l'exercice expiré; ce dernier compte était examiné, puis clos et arrêté, par quatre officiers généraux désignés à cet effet, qui assistaient à la séance de clôture des comptes[1].

Le *conseil d'économie*, qui avait la même composition que celui d'administration, se réunit hebdomadairement. On s'y occupe de tous les détails relatifs à la manutention économique et journalière de l'hôtel.

Le *conseil de police*, dans le sein duquel étaient appelées toutes personnes jugées nécessaires, tient séance trois fois par semaine. Les objets qui lui ressortissent sont la discipline, les études et exercices, la conduite particulière des élèves. Il prononçait les punitions à infliger, à moins que les fautes ne fussent de nature à être soumises au conseil d'administration.

Celui-ci recevait compte des affaires importantes qui avaient été traitées dans les conseils d'économie et de police, où aucune délibération ne pouvait être arrêtée en l'absence du ministre, ni exécutée sans son approbation. Le secrétaire-garde des archives tenait la plume et dressait les procès-verbaux des séances des trois conseils.

Les fonctionnaires de tout ordre, et même les domestiques, employés à l'Hôtel, y étaient logés. Un règlement du ministre de la guerre, en date du 5 août 1780, approuvé par le roi le même jour, distribua les logements entre chacun d'eux, asigna l'aile droite aux cadets et mit les réparations locatives au compte de ceux qui occupaient les logements[2].

---

[1] Le trésorier devait loger à l'Hôtel; mais il n'y avait que son bureau, et il recevait une indemnité annuelle de 3,000 livres pour lui tenir lieu du logement.

[2] Les fonctionnaires mariés, alors employés à l'hôtel, étaient autorisés à l'habiter avec leur famille; mais cette faveur ne pouvait pas être continuée à leurs successeurs.

Le chevalier de Keralio, usé par l'âge et les fatigues d'une vie bien remplie, quitta l'Hôtel le 1er juin 1783, avec une pension de 3,000 livres sur le Trésor et une de pareille somme sur les fonds de l'École[1]. Le chevalier de Reynaud de Monts, mestre de camp de dragons, fut nommé le même jour sous-inspecteur des écoles[2].

Le baron de Moyria était mort. L'inspecteur général, tout entier à la correspondance étendue qu'exigeaient ses fonctions, ne pouvait s'occuper que superficiellement de la conduite des études et des progrès des élèves; le sous-inspecteur, consacrant la majeure partie de l'année à ses inspections dans les nouvelles écoles, n'avait aussi que peu de temps à donner à cette question importante. Il fut décidé qu'il ne serait plus nommé de commandant de la compagnie de cadets, et que la direction générale des études serait rétablie comme elle existait en 1776, c'est-à-dire que le directeur général des études serait en même temps commandant des élèves. Les deux emplois furent réunis le 28 décembre 1783 et confiés à Louis Silvestre, dit Valfort, lieutenant-colonel des grenadiers royaux de l'Orléannois[3], inspecteur des études depuis le 1er juin.

---

[1] Keralio mourut le 13 février 1788. Sa veuve vivait dans la misère, lorsque Napoléon Ier lui accorda, en 1810, une pension de 3,000 francs.

[2] Marc-Antoine-Sérapion de Reynaud de Monts, chevalier non profès de l'ordre de Saint-Jean de Jérusalem et de Saint-Antoine de Viennois, entré au service comme cornette dans les carabiniers en 1757, était mestre de camp en second du régiment de dragons de Penthièvre depuis 1767. Il fut nommé brigadier de dragons le 1er janvier 1784, et maréchal de camp le 9 mars 1788.

Le marquis de Sérent, qui avait eu Reynaud sous ses ordres au régiment Royal (cavalerie), le signalait « comme un des meilleurs sujets de la cavalerie, réunissant l'intelligence des manœuvres et les talents de l'équitation à la valeur la plus brillante à la guerre. »

Reynaud fut l'un des rédacteurs de l'ordonnance de cavalerie de 1776.

[3] Valfort était fils de ses œuvres. Entré au service comme simple soldat dans Aunis en 1753, il était nommé capitaine en 1771 et recevait en 1779 la lieutenance-colonelle des grenadiers royaux de l'Orléannois. Nommé maréchal de camp le 1er mars 1791, il fut pensionné le 19 juin 1793.

Le plus bel éloge que l'on puisse faire de Valfort est de remarquer que l'enrôlé volontaire de 1753 a terminé sa carrière comme directeur général des études à l'Ecole « spéciale » militaire de Paris.

L'ordonnance du 6 novembre 1779 avait prescrit la vente de l'hôtel de la Force; il ne pouvait plus être d'aucune utilité à l'École depuis que la régie du droit sur les cartes avait cessé d'appartenir à la fondation. La vente fut effectuée le 16 juillet 1780 en faveur du roi, qui acheta l'hôtel 300,000 livres, payables en 15,000 livres de rentes annuelles, et le convertit en une prison rendue célèbre par les journées de Septembre.

IV.

Luxe de l'École. — Dépenses de bouche. — Menus des repas. — Suppression de la compagnie de cadets-gentilhommes de l'hôtel de l'École militaire. — Destinations de l'hôtel. — Placement des cadets. — Répartition des meubles et de l'argenterie. — Subventions pécuniaires accordées aux écoles de Brienne et de Pont-à-Mousson. — Augmentation de la pension des cadets qui y sont envoyés. — Pensions et gratifications accordées au personnel. — Don de chevaux. — La compagnie de bas-officiers invalides cesse son service à l'hôtel. — Cadets de la compagnie de Paris devenus officiers généraux.

Les réformes de 1776 n'avaient pas servi de leçon aux administrateurs de l'École, qui regrettaient cependant l'ancien état de choses. Les mêmes raisons qui avaient déterminé le comte de Saint-Germain, servirent au comte de Brienne à faire supprimer la compagnie de cadets de l'École militaire. « A l'École de Paris, dit le *Mémorial de Sainte-Hélène*, nous étions nourris, servis magnifiquement, traités en toutes choses comme des officiers jouissant d'une grande aisance, plus grande certainement que celle de la plupart de nos familles, et fort au-dessus de celle dont beaucoup de nous devions jouir un jour. »

Dans un mémoire dont P.-M. Laurent (de l'Ardèche) rapporte un extrait dans son *Histoire de l'empereur Napoléon*, le cadet gentilhomme Buonaparte disait que « les élèves du roi, tous pauvres gentilshommes, ne pouvaient puiser, au lieu des qualités du cœur, que l'amour de la gloriole, ou plutôt des sentiments de suffisance et de vanité tels, qu'en regagnant leurs pénates, loin de partager avec plaisir la modique aisance de leur famille, ils rougiroient peut-être des auteurs de leurs jours, et dédaigneroient leur modeste manoir. Au lieu d'entretenir un nombreux domestique autour de ces élèves, de leur donner journellement des repas à deux services et de faire parade d'un manège très coûteux tant pour les chevaux que pour les écuyers, ne vaudroit-il pas mieux, sans toutefois interrompre le cours de leurs études, les astreindre à se suffire à eux-mêmes? Puisqu'ils sont loin d'être riches, et que tous sont destinés au service militaire, n'est-ce pas la seule et véritable éducation qu'il faudroit leur donner? Assujettis à une vie sobre, à soigner leur tenue, ils deviendroient plus robustes, sauroient braver les intempéries des saisons, supporter avec courage les fatigues de la guerre et inspirer le respect et un dévouement aveugle aux soldats qui seroient sous leurs ordres. »

Ainsi, pour ne parler que de la nourriture, les dépenses de bouche montèrent en 1786 à 159,446 livres 5 sous 9 deniers. Les tables étaient de cinquante couverts. Le menu en gras consistait, à dîner, en un potage, un bouilli, deux entrées, trois assiettes de dessert; à souper : un rôti, deux entremets, une salade, trois desserts. Le menu en maigre se composait, à dîner, d'un potage, de deux plats de légumes, un de graines, un de poisson, un d'œufs et trois desserts; le menu du souper comportait de plus une salade.

En parcourant le compte des dépenses de bouche, on trouve pour le dessert d'une journée : 1600 cerneaux, 3,200 poires de bon Dieu, 900 prunes de reine Claude, 250 poires de Rambourg, 190 pêches, 300 poires à deux têtes, faisant une dépense de 33 livres 4 sous. Des glaces, comme entremets, reviennent fréquemment. Aussi Louis XVI disait-il dans le règlement du 9 octobre 1787, « qu'il n'avait pu s'empêcher de remarquer qu'une partie de l'établissement de l'École de Paris sembloit consacrée au luxe et à la magnificence,... qui contrastoient avec les facultés et la destination de ceux que le feu roi avait eu l'intention de favoriser. »

Ce règlement royal du 9 octobre 1787 supprima l'École de Paris à dater du 1er avril 1788, et porta à sept cents le nombre des élèves dans les écoles de province. Les revenus de la fondation devaient continuer à être administrés, comme par le passé, sous l'inspection du ministre de la guerre. Les bâtiments de l'École militaire devenant dès lors inutiles, le roi en fit don à la ville de Paris pour y établir un hôpital.

Le conseil d'administration de l'École protesta contre cette dernière disposition du règlement royal. Il fit valoir que le roi ne pouvait disposer d'un bien qui ne lui appartenait pas, surtout tant que subsisterait la fondation des écoles militaires. Louis XVI se rendit à ces observations et rapporta sa décision. Un marché, approuvé le 2 août 1788 par le roi, fut conclu avec l'ordre de Saint-Lazare; ce marché devait rapporter 60,000 livres de rentes annuelles, qui ne pouvaient être éteintes que par le versement d'un capital représentant 70,000 livres de rente. L'ordre n'ayant encore rien payé en 1789, il ne fut pas donné suite à cette transaction.

Dès le mois de janvier 1788, du reste, l'hôtel fut livré à une compagnie qui le convertit en magasin de blé et de farines et y construisit des moulins à bras. Le chevalier de Reynaud protesta vivement, mais ses plaintes ne furent pas écoutées. La ville de Paris, en 1789, y établit le tailleur chargé de l'habillement de la garde nationale. La même année, le corps de l'état-major de l'armée vint s'y installer; enfin, le 13 septembre 1792, l'hôtel servit de quartier à la cavalerie de l'armée révolutionnaire, qui prit de là son nom de *cavalerie de l'Ecole militaire*, et forma les 25e et 26e régiments de l'arme.

Les cadets-gentilshommes qui remplissaient les conditions exigées furent placés dans les troupes. Il y avait à l'École de Paris 87 jeunes gens âgés de quinze ans, mais ne comptant pas deux années de séjour dans la compagnie. Pour que la réforme ne leur portât pas préjudice, on passa, à la demande du marquis de Timbrune, sur cette seconde condition imposée par les ordonnances, et on leur accorda, le 1er mars 1788, des lettres de sous-lieutenants.

Les élèves qui ne purent être placés dans les troupes furent partagés en deux sections : artillerie et génie. On envoya les aspirants ingénieurs à Brienne, les aspirants artilleurs à Pont-à-Mousson, et indifféremment dans ces deux collèges les élèves qui se destinaient aux autres armes. Le départ eut lieu le 15 mars 1788, sous la conduite de deux sous-aides-majors, Pernon et le chevalier de Mars, et de deux capitaines des portes qui furent conservés et attachés à chacune de ces Écoles. Les jeunes gens envoyés à Brienne formèrent la première division des cadets; ceux de Pont-à-Mousson, la seconde[1].

Les effets, meubles et ustensiles qui existaient à l'École de Paris et servaient aux cadets, excepté ceux de la chapelle, furent partagés entre les collèges de Brienne et de Pont-à-Mousson, plus 200 marcs d'argenterie, les lits des élèves, des domestiques et de l'infirmerie. Chaque école reçut 50 fusils et un pareil nombre de gibernes et de baudriers avec leurs épées. La bibliothèque fut aussi partagée : Brienne reçut les ouvrages relatifs aux sciences de l'ingénieur; Pont-à-Mousson, ce qui avait trait à l'artillerie.

Ces deux collèges eurent également leur part des instruments de mathématiques et même des outils de jardinage. Il fut fait aussi deux lots des gobelets d'argent de l'infirmerie; le collège de Pont-à-Mousson eut, de plus, 30 couverts en argent.

Les libéralités royales ne s'arrêtèrent pas là. Le collège de Brienne reçut une somme de 65,000 livres pour étendre ses bâtiments et subvenir aux frais d'aménagement nécessités par l'augmentation du nombre des élèves. Celui de Pont-à-Mousson, qui était plus vaste, ne reçut que 15,000 livres[2].

Le 9 avril 1788, la pension des cadets de l'École envoyés dans ces deux collèges fut portée à 1,000 livres.

On concéda 107,560 livres de pension, le 25 mars 1788, aux fonctionnaires réformés. Le marquis de Timbrune, outre son traitement de 26,000 livres qu'il conservait, une pension de 6,000 livres et 6,000 livres pour son logement, reçut le gouvernement de Montpellier, « en dédommagement de la perte de l'École militaire ». Le chevalier de Reynaud garda son traitement de 10,000 livres, en y ajoutant une pension de 8,000 livres reversible sur la tête de ses deux nièces; au contrôleur général et au directeur des études, une pension de 5,000 livres chacun.

---

[1] Chaque cadet reçut à son départ un habit neuf complet, cinq vestes de basin, trois paires de souliers et son trousseau, outre la tenue qui lui servait, et un couvert d'argent.

[2] Décisions des 14 avril, 28 mai, 25 août et 23 novembre 1788 pour Brienne; 1er juin et 13 octobre 1788 pour Pont-à-Mousson.

Les pensions accordées aux aides et sous-aides-majors, commis des bureaux, officiers de santé, chapelains, professeurs, écuyers, domestiques, furent proportionnées à la durée de leurs services.

Le commissaire des guerres David fut maintenu en activité et envoyé comme commissaire-ordonnateur à Alençon, le 1er avril 1788. Chacun des trois écuyers eut, comme « distinction » un cheval du manège. On octroya également cette faveur à quatre cadets, qui entraient dans la cavalerie : de Montarby, Davout, des Montis de La Chevallerie, et d'Alvimare[1]. Les collèges de Brienne et de Pont-à-Mousson reçurent les autres chevaux.

Toutes les personnes qui avaient été employées à l'École obtinrent, le 25 mars 1788, à titre de gratification, trois mois d'appointements. Pour les officiers et les administrateurs, le total de ces gratifications fut de 54,705 livres. Celles accordées aux domestiques montèrent à 130,860 livres. Cette somme montre le nombre de ce personnel. Chacune des quatre sœurs attachées à l'École reçut une gratification, une fois payée, de 120 livres, plus 4 tabliers.

La compagnie de bas-officiers invalides avait été augmentée, le 1er décembre 1782, de 1 sergent, 1 caporal et 1 appointé, et diminuée de 3 bas-officiers. Elle cessa son service à l'hôtel le 1er juillet 1788. L'hôtel avait été complètement évacué le 13 avril 1788 par les personnes qui y logeaient.

La compagnie de cadets établie à l'hôtel de l'École militaire à Paris reçut, pendant ses dix années d'existence, 594 cadets. Outre l'empereur Napoléon Ier et le général en chef vendéen Lescure, 41 officiers généraux en sortirent, se décomposant en : 2 maréchaux de France, l'intègre Davout et Clarke, 10 généraux de division ou lieutenants-généraux, parmi lesquels on peut citer Nansouty, Hédouville, Musnier de La Converserie, le duc de Mouchy; 29 généraux de brigade ou maréchaux de camp, dont Boisgérard, tué au siège de Naples en 1799; Champeaux,

---

[1] De Montarby, de la promotion de Bonaparte, mourut de la fièvre jaune, le 8 novembre 1818 à la Martinique, dont il était colonel commandant; Davout est le vainqueur d'Auerstædt et d'Eckmühl ; d'Alvimare mourut officier général.

tué à Marengo; La Bruyère, tué à la prise de Madrid, en 1808[1]; le marquis de Talaru, ministre d'État et membre du conseil privé; le comte de Mesnard; Suzannet, tué en Vendée en 1815.

V.

Règlement du 1er février 1788. — Conseil de direction. — Conseil d'administration. — Inspection des écoles. — Concours annuels. — Pension de 200 livres. — Elèves des collèges de la marine sortant des écoles militaires. — Les cadets sont organisés à Brienne et à Pont-à-Mousson comme à Paris. — Nouvelles conditions d'admission. — Suppression des preuves de noblesse. — Situation des écoles militaires au mois de juin 1792.

Le règlement du 9 octobre 1787 avait créé un *conseil de direction*. Un autre règlement, en date du 1er février 1788, fixa la composition et les attributions de ce conseil, ainsi que la nouvelle administration générale des écoles. Le conseil fut composé du marquis de Timbrune, président, conservé comme inspecteur général; du chevalier de Reynaud, vice-président; et, comme membres, de l'abbé Morellet[2], de Le Gendre[3], de Bailly[4], et de l'abbé Charbonnet[5].

Un *conseil d'administration*, dont ne parle pas le règlement, fut également établi; il était composé de l'inspecteur général, du sous-inspecteur et du trésorier, chargé désormais des affaires contentieuses. Le 12 juillet 1789, on y rappela Pelé, l'ancien contrôleur général.

Les séances du conseil de direction se tenaient chez l'inspecteur général, où se trouvait le secrétariat des écoles, comprenant

---

[1] Pendant la campagne de 1793, La Bruyère, avait reçu 29 blessures et avait eu 4 chevaux tués sous lui.

[2] André Morellet (1727-1819), littérateur, économiste, membre de l'Académie française (1785), dont il conserva les registres et les archives pendant la Terreur, membre du Corps législatif (1807).

[3] Adrien-Marie Le Gendre (1752-1833), professeur de mathématiques à l compagnie de cadets, membre de l'Académie des sciences (1783) et du Bureau des longitudes.

[4] Jean-Sylvain Bailly (1736-1793), membre des Académies des sciences (1763), française (1784), des inscriptions (1785), premier président de l'Assemblée constituante, maire de Paris (1789).

[5] Pierre-Mathias Charbonnet (1733-1815), humaniste, ancien recteur de l'Université.

un secrétaire et trois commis chargés de la correspondance et de la garde des archives. Le conseil devait s'assembler chaque semaine depuis la Toussaint jusqu'à Pâques. Le marquis de Timbrune partit prendre les eaux de Bagnères au mois de juin 1789; comme il n'était pas rentré en octobre, le chevalier de Reynaud demanda au ministre ce qu'il avait à faire. Il lui fut répondu le 24 octobre que le conseil de direction suspendrait ses fonctions. Elles ne furent pas reprises, Timbrune n'ayant pas reparu et ayant émigré en 1792. Il ne fut donc réellement tenu comme conseil que celui composé du sous-inspecteur, du trésorier et de Pelé, qui prirent le titre d'*administrateurs de la fondation de l'École militaire*.

De Pâques à la Toussaint, le sous-inspecteur faisait la visite des collèges, accompagné d'un ou de deux des membres du conseil de direction. Le Gendre et l'abbé Charbonnet furent désignés pour passer l'inspection en 1788 et en 1789. A dater de 1790, le chevalier de Reynaud paraît avoir inspecté seul les écoles de province[1].

L'inspection portait sur les livres classiques, leur composition et correction, la tenue physique et la tenue morale des élèves, leur instruction, leurs progrès et le résultat de leur éducation.

« Pour rendre tout à la fois l'inspection de l'éducation plus facile et les progrès des études plus certains », le règlement prescrivit l'établissement d'un concours annuel auquel pourraient prendre part indistinctement les pensionnaires des écoles et les élèves du roi, âgés de seize ans. Ce concours avait lieu en présence de l'inspecteur et des membres du conseil de direction qui l'assistaient dans ses opérations, et roulait sur les études en général, les notes et la bonne conduite des élèves. Les compositions étaient les mêmes dans tous les collèges, pour permettre de juger non seulement du mérite des élèves, mais de la supériorité des écoles les unes sur les autres. Les élèves qui satisfaisaient aux épreuves devaient être pourvus des places vacantes dans les régiments. Ceux qui ne réussissaient pas au premier concours étaient auto-

[1] Le sous-inspecteur recevait, pour ses frais d'inspection, 6,000 livres; ses deux adjoints percevaient chacun 3,000 livres, outre un traitement annuel de pareille somme qui commença à courir du 1er juin 1788.

risés à rester encore un an dans les écoles et à concourir l'année suivante. S'ils échouaient cette fois, on les rendait à leurs familles. Les jeunes gens portés vers les sciences mathématiques avaient à passer les examens spéciaux exigés des aspirants du génie et de l'artillerie; ceux qu'un goût décidé dirigeait vers l'état ecclésiastique ou la magistrature, étaient toujours envoyés à La Flèche.

Les douze premiers de chaque concours obtiennent la croix de Notre-Dame du Mont-Carmel, avec une pension de 100 livres sur les fonds de l'École militaire, à remettre, avec celle de 200 livres, lorsqu'ils seraient nommés capitaines-commandants. Si un ou deux candidats hors ligne se trouvaient parmi ces douze jeunes gens, la pension de 100 livres pouvait pour eux être doublée, et ils ne la perdaient qu'avec le grade d'officier supérieur.

Afin d'exciter l'émulation des supérieurs et des professeurs, ceux dont les élèves auraient le plus de succès, recevaient une marque de la satisfaction royale, consistant en une gratification pour les professeurs, et pour les supérieurs en un présent, avec cette inscription : *Accordé par le Roi, le....* Le supérieur qui, pendant l'espace de vingt ans, aurait obtenu deux de ces présents, avait droit à une pension ; le professeur qui, pendant ce même laps de temps, aurait reçu six fois une gratification, obtenait que cette gratification fût changée en pension, et s'il quittait après vingt ans de service, il devait lui être accordé une pension « d'émérite » de 600 livres. On retirait les élèves qui, pendant trois ou quatre ans, auraient, vis-à-vis des autres, une infériorité habituelle[1].

Tous les élèves entretenus dans les écoles aux frais du roi conservent le droit à la pension de 200 livres, à compter du jour où ils seraient placés dans les troupes; ils doivent toujours la remettre lorsqu'ils seraient pourvus d'un emploi valant 1200 livres[2].

---

[1] Cette mesure avait été appliquée au collège de Beaumont le 4 avril 1789; mais l'exécution en fut suspendue le 10 mai.

[2] Il fut décidé, le 30 avril 1789, que les anciens élèves attachés au corps de l'infanterie, de la cavalerie et des dragons, et qui servaient par ce fait sans appointements, perdraient leur pension.

Les jeunes gens qui, de 11 à 13 ans, entreraient dans les collèges de la marine d'Alais et de Vannes, ou se présenteraient à 15 ans aux examens de la marine, conservaient leurs droits à la pension de 200 livres, pour en jouir du jour où ils seraient nommés élèves de la marine[1] et attachés à une escadre[2].

Au 2 février 1790, la pension de 200 livres était payée à 984 anciens élèves.

Les compagnies de cadets de Brienne et de Pont-à-Mousson conservèrent l'organisation de la compagnie de Paris. Les officiers chargés de leur surveillance remplissaient aussi les mêmes fonctions et avaient les mêmes devoirs. Seuls, ils punissent leurs cadets; professeurs et supérieurs doivent leur rendre compte de la conduite des élèves et ils infligent les punitions, qui consistent toujours en prison, arrêts pendant les récréations, et arrêts au pain et à l'eau.

Les commandants des deux divisions de cadets rendent mensuellement compte à l'inspecteur général de la conduite des élèves et des punitions qu'ils ont dû infliger. Pendant les heures consacrées aux études spéciales des sciences de l'ingénieur et de l'artillerie, les cadets qui se destinaient aux autres armes suivent des cours appropriés à leur destination future.

Les cours spéciaux enseignés à Brienne et à Pont-à-Mousson aux élèves du roi aspirant à entrer dans l'artillerie ou le génie, furent ouverts aux élèves pensionnaires qui désiraient servir dans ces armes[3]. Toutefois, les pensionnaires étaient placés sous la surveillance des religieux, et non des aides-majors chargés de la discipline des cadets.

Une ordonnance du 26 juillet 1783 fixa l'âge d'admission dans

---

[1] Les « garde-marine » avaient été supprimés le 1er janvier 1786 et remplacés par des « élèves ».

[2] Décision du 30 avril 1789.

[3] Décision du 11 février 1789.

Cette décision octroya aussi, mais pour cette fois seulement et parce qu'ils en avaient la promesse, des lettres de cadet-gentilhomme aux élèves des collèges transférés à Brienne et à Pont-à-Mousson à la suite de l'inspection de 1788. Cette faveur ne fut accordée qu'aux élèves du roi, à l'exclusion des pensionnaires.

les écoles militaires de 7 à 10 ans et à 12 ans pour les orphelins. Il ne peut plus être proposé qu'un enfant à la fois, et les familles n'ont à espérer l'admission d'un second enfant que lorsque le premier aurait terminé ses études.

Cette ordonnance avait été rendue sur la demande du marquis de Timbrune et du chevalier de Keralio. L'économie qui en résulta permit d'établir dans chaque école un nouveau professeur de langues. « Le roi décida en même temps, écrivait le maréchal de Ségur, le 27 juin 1783, que l'on ne donnerait plus d'argent aux élèves à titre de menus plaisirs; que si l'un d'eux venait à être placé, il ne serait fait aucune réduction sur le trimestre de la pension à payer pour son entretien à l'École, ce qui avait déjà lieu pour ceux qui y décédaient; que les fonds de l'École fourniraient à chacun des collèges cinquante exemplaires du *Cours de mathématiques* de l'abbé Bossut; enfin, qu'à dater de l'année suivante, les inspecteurs seraient maîtres de placer les élèves dans telle école qu'il leur plairait, pour mettre les supérieurs à l'abri des importunités auxquelles ils étaient exposés par le concours journalier des familles des élèves. » Cette dernière disposition était contraire aux vues du comte de Saint-Germain, et rendait sans excuse l'entretien de onze collèges. Dès lors que les enfants n'étaient plus à portée de leurs familles, il fallait les réunir de nouveau.

Les cadets-gentilshommes dans les troupes d'infanterie furent rétablis le 17 mars 1788. Avant d'être promus officiers, les cadets passaient un examen roulant sur toutes les parties du service, sur l'instruction d'un officier subalterne et les fonctions du lieutenant et du sous-lieutenant. Les pages et les élèves des écoles militaires eux-mêmes furent astreints à subir ces examens.

Une décision ministérielle du 14 juillet 1788 régla que les pages placés dans les troupes auraient rang sur les élèves des écoles de province; mais qu'ils trieraient avec les élèves brevetés, ceux-ci du jour de leurs brevets, les pages de l'âge de 15 ans.

Le placement dans les troupes des élèves des écoles se faisait mal, du reste. Ces jeunes gens voyaient avec peine pourvoir d'emplois des camarades moins anciens qu'eux; ils se décourageaient et s'ennuyaient. La plupart des colonels recherchaient, en effet, parmi les élèves, ceux qui leur convenaient le mieux, soit qu'ils eussent des rapports avec les familles, soit que les élèves leur fussent recommandés.

L'avantage qui pouvait résulter de ces choix était balancé par plus d'un inconvénient. Outre la jalousie qu'ils inspiraient à des camarades moins heureux, le découragement qu'ils jetaient, le retard apporté dans le placement, les jeunes gens sortant ainsi des écoles partaient avec une instruction inachevée et interrompue au moment le plus profitable.

Seulement 66 régiments recevaient des élèves, et c'était la moyenne des sorties annuelles. On conçoit facilement qu'avec de tels procédés, l'institution était loin d'atteindre le but que l'on se proposait. Aussi fut-il décidé que les colonels ne pourraient plus demander que des élèves inscrits sur la liste de ceux désignés pour être nommés officiers [1].

Les réformes nombreuses qui eurent lieu en 1788 et 1789 retardèrent encore le placement des élèves des écoles. Beaucoup de ces derniers, en âge de rejoindre des régiments, durent rester dans les collèges. On les rendit à leurs familles et l'on décida, le 20 janvier 1790, que les élèves qui ne pourraient être placés à leur sortie, compteraient leurs services du jour du départ de l'école pour aller chez eux, et qu'ils pourraient être pourvus d'emplois dans l'espace de six ans, sans compter d'interruption de services : 71 élèves se trouvaient alors dans ce cas [2].

Une conséquence de la Révolution fut l'abrogation des règlements qui exigeaient des preuves de noblesse pour entrer à l'École militaire [3]. Le généalogiste Chérin avait déjà, pour les troupes, cessé son service le 1er octobre 1789. Les fils d'officiers étaient dorénavant seuls admis à entrer aux frais du roi dans les écoles militaires, sauf les candidats inscrits avant le 26 avril, qui purent concourir pour la première nomination [4].

Au 5 juin 1792, Sorrèze comptait 54 élèves du roi; Auxerre,

---

[1] Décision du 20 février 1787.

[2] Se décomposant ainsi : Pont-à-Mousson, 14; Brienne, 11; Pontlevoy, 8; Tiron, Sorrèze et Vendôme, chacun, 7; Beaumont, 5; Effiat, Tournon et Rebais, chacun 4.

[3] Arrêt du Conseil, en date du 26 mars 1790.

[4] Décision du 23 avril 1790.

51 ; Pont-à-Mousson et Tournon, chacun 50 ; Tiron et Vendôme, chacun 48 ; Beaumont, 47 ; Effiat, 46 ; Pontlevoy, 45 ; Rebais, 43 ; enfin, Brienne, 39. Il y avait, en outre, 136 élèves nommés au mois de mars et non placés. Le total des élèves des écoles militaires était de 657, presque le nombre fixé par le règlement du 9 octobre 1787 [1]. Le comte de Brienne avait vu juste lorsqu'il faisait supprimer la compagnie des cadets-gentilshommes de Paris en se fondant sur ce qu'avec les économies qui en résulteraient, on pourrait porter à 700 le nombre des élèves des écoles militaires.

VI.

Société de Jeunes français. — Les places d'élèves dans les écoles sont réservées aux fils des « défenseurs de la patrie ». — Vente des biens des écoles militaires. — Renvoi des élèves dénoncés pour incivisme. — Les élèves fils d'émigrés conservés comme otages. — Les pensions d'élèves cessent d'être payées. — Ecole d'Effiat. — Suppression définitive des écoles militaires. — Etat des élèves existant dans les écoles au mois de septembre 1793. — Pillage de l'Hôtel de l'Ecole de Paris au mois d'août 1792. — Evacuation définitive de cet hôtel. — Conclusion.

Léonard Bourdon [2] avait établi dans le prieuré de Saint-Martin-des-Champs une école nationale à laquelle il avait donné le titre de *Société de Jeunes français*. Il obtint qu'il serait entretenu chez lui aux frais de la fondation des écoles militaires un certain nombre d'enfants. Six élèves y furent placés le 4 juillet 1792, et le chevalier de Reynaud fut chargé d'inspecter cette nouvelle école.

La guerre avait été déclarée et le territoire français envahi ; on luttait au Nord et au Midi. L'article 6, titre II, de la loi du 18 août 1792 disposa que les bourses ou places gratuites dans

[1] Les élèves pensionnaires étaient fort nombreux. Une situation du 26 mars 1781 en compte 1133.

[2] Léonard-Jean-Joseph Bourdon de La Crosnière, dit *Léopard Bourdon*, né en 1758, avocat au Conseil du roi et chef d'institution à Paris, député à la Convention ; s'empare de l'Hôtel-de-Ville le 9 Thermidor ; membre du Conseil des Cinq Cents ; agent du Directoire exécutif à Hambourg ; directeur d'école primaire à Paris.

les collèges seraient conservées aux titulaires, mais qu'il serait sursis à la nomination aux places vacantes. La Convention nationale décréta le 9 mars 1793 que ces dernières seraient données de préférence aux enfants des citoyens qui avaient pris les armes pour la défense de la patrie. Prélude de mesures qui vont se suivre rapidement et dont le terme sera la suppression définitive de l'institution de Louis XV.

En effet, un décret rendu le 8 mars fut appliqué aux écoles militaires le 18 juin 1793. Ce décret portait que les biens formant la dotation des collèges, sous quelque dénomination qu'ils existassent, seraient vendus dans les mêmes formes et aux mêmes conditions que les autres domaines nationaux, à l'exception des bâtiments servant ou pouvant servir à leur usage, des logements des professeurs et des élèves et des jardins en dépendant.

Les anciens administrateurs durent rendre leurs comptes ; car ces biens furent, jusqu'à leur vente, administrés par les préposés de la régie des Domaines, et l'administration de ces derniers remonta au 1er janvier 1793. Les collèges cessèrent aussi à dater de cette époque de percevoir les rentes payées par le Trésor public, le payement des traitements des professeurs étant désormais à la charge de la nation. Les pensions à payer pour chaque élève furent conservées à leur ancien taux, mais ne furent plus acquittées qu'après décrets rendus par la Convention. Les administrateurs du directoire de Paris prirent possession des biens dépendant de l'hôtel de l'Ecole militaire le 22 juin 1793.

Le 12 mai, la Convention avait autorisé le ministre à renvoyer dans leurs familles les élèves des écoles militaires qui lui avaient été dénoncés pour incivisme. Ce décret, qui étonne au premier abord, n'était cependant qu'une mesure juste, qui s'explique par ce fait que quelques-uns des élèves frappés par la réquisition s'étaient fait exempter. On ne conçoit pas cette attitude antipatriotique, ces jeunes gens ayant été destinés à la carrière des armes.

Déjà à cette époque les élèves des écoles ne pouvaient être remis à leurs familles que sur un ordre exprès du ministre de la guerre. Cette mesure avait été nécessitée par l'émigration de nombreuses familles nobles; on voulait par là s'assurer de la résidence en France des parents, ainsi que garder les enfants comme otages et caution de la conduite des membres émigrés de leur famille.

Les pensions des élèves cessèrent d'être payées. Les dernières sommes allouées à cet effet par la Convention l'ont été le 6 juillet 1793 et pour un trimestre arriéré. Le ministre de la guerre demanda le 6 mai 1793 qu'il lui fût accordé la somme nécessaire pour acquitter les pensions échues le 1er mai ; il renouvela sa demande le 8 septembre : ses deux lettres restèrent sans réponse. Le lendemain, la Convention prononçait la suppression définitive des écoles militaires.

Le collège d'Effiat, où avait été élevé Desaix, n'existait plus, ou à peu près. Il était complètement désorganisé, et les élèves, suivant un ordre du 13 juillet 1793, durent être répartis dans les collèges de Brienne, Sorèze, Tournon et Pontlevoy. Mais la rapidité avec laquelle les événements se succédaient, les préoccupations de tout genre qui assaillaient tous les esprits, ne permirent pas de donner à l'ordre du ministre une suite immédiate, et le collège ne fut entièrement évacué que le 17 décembre 1793.

« Les écoles militaires sont supprimées, » dit laconiquement le décret du 9 septembre 1793. Le collège d'Auxerre fut cependant conservé provisoirement comme établissement libre d'instruction publique; l'institution de Bourdon fut maintenue comme école militaire jusqu'au 8 juin 1795, époque à laquelle ses élèves furent versés à l'Ecole des Enfants de l'Armée, établie à Liancourt.

En conséquence du décret du 9 septembre 1793, ordre fut donné à tous les supérieurs d'avoir évacué leurs établissements le 1er octobre. Une pareille opération ne pouvait se faire à une date aussi rapprochée; elle ne put être exécutée que dans le courant du mois de novembre.

Le motif donné de la suppression des écoles militaires est qu'elles avaient été « souillées par le séjour des rejetons de l'orgueil et des suppôts de la tyrannie ». Il existe un *État* imprimé *des élèves des écoles militaires en* 1793, état officiel, sorti des presses de Guillaume et Pougin, imprimeurs du département de la guerre. En tête de cet état sont placées des « Observations préliminaires » qui pourraient être les termes du rapport de Lakanal, — ils en reproduisent assurément la pensée, — rapport qui ne figure ni au *Moniteur* ni dans les procès-verbaux de la Convention, édités par Baudouin. Ces « Observations » demandent la suppression des écoles en se fondant sur l'abolition des privilèges; la nécessité d'être patriote et d'avoir efficacement servi la Révolution pour mériter ses bienfaits; sur ce que l'entrée des écoles était, depuis 1790, réservée aux seuls fils de militaires, et que cette distinction ne devait plus exister, tous étant soldats; que les élèves actuellement dans les écoles, en leur qualité de nobles, étaient exclus de tous emplois; qu'ils privaient les fils des défenseurs de la patrie des places qui leur revenaient. Ces « Observations » se terminent ainsi : « La République n'a aucun intérêt de donner une éducation gratuite à des enfants, sur la reconnaissance de qui elle ne peut compter, et de décharger de ce fardeau des citoyens que la défiance publique environne, qui font peut-être des vœux contre la Révolution, et qui ne sont peut-être pas innocents des troubles intérieurs qui retardent ses progrès. »

Selon l'*État des élèves des écoles militaires*, dont il vient d'être parlé, daté seulement « 1793 », mais qui doit être du mois d'août, les écoles comptaient 590 élèves, ainsi répartis : Brienne, 35 élèves ingénieurs ou artilleurs [1] et 48 ordinaires, soit 83; Sorèze, 57 ; Pont-à-Mousson, 56; Tournon, 54 ; Beaumont, 53; Rebais et Auxerre, chacun 51 ; Tiron, 49; Effiat, 47; Vendôme, 46; Pontlevoy, 43.

De ces 590 élèves, 80 avaient terminé leurs études et étaient dans le cas d'être rendus à leurs familles. Parmi les élèves de Rebais figure le futur duc de Padoue [2].

Les archives étaient restées déposées à l'hôtel de l'Ecole militaire de Paris. Le peuple vint y chercher des armes le 10 Août; il ne trouva que les 26 épées de parade qui servaient à la réception des chevaliers de Saint-Lazare. Entre 3 et 4 heures

---

[1] Depuis 1792 ces derniers y étaient tous envoyés.

[2] Jean-Thomas Arrighi de Casanova, duc de Padoue (1778-1853), colonel des dragons de la garde impériale, général de division, commandant en chef le 3e corps de cavalerie en 1813, gouverneur des Invalides.

de l'après-midi, le 19 août, un officier municipal se présenta, accompagné d'un certain nombre de personnes. Ils firent irruption dans l'hôtel, renversèrent la statue de Louis XV et détruisirent tout ce qui portait l'empreinte de la royauté : mutilations qui sont encore visibles dans la cour d'honneur. On saccagea la chapelle; des boiseries sculptées furent brisées; des tableaux, propriété personnelle du marquis de Timbrune, furent lacérés[1]. Même on renversa les statues de Turenne, de Condé, de Luxembourg et de Maurice de Saxe, qui étaient dans la cage du grand escalier.

Sur le compte qui lui en fut rendu par les anciens administrateurs, le ministre Servan demanda à la Convention de mettre l'hôtel sous la sauvegarde de la nation. Mais Thuriot, en confondant sciemment les deux dates du 10 et du 19 août, fit voter l'ordre du jour pur et simple, et l'affaire en resta là.

Les scellés avaient été mis sur les archives. Ils furent levés le 5 novembre 1795, et l'hôtel fut le jour même complètement évacué. Bonaparte, alors général en chef de l'armée de l'Intérieur, prit possession des bâtiments où il avait passé quelques années de sa jeunesse, pour y établir son quartier général et y caserner ses troupes. Il ne restait plus dès lors aucun vestige de l'ancienne École militaire.

Si l'établissement proprement dit fut englobé dans le tourbillon général qui entraîna avec la monarchie tout ce qu'elle avait créé, le principe survécut. Ce sera la gloire des fondateurs de l'École militaire de 1751.

---

[1] La salle du conseil était ornée de tableaux de batailles dus au pinceau de Le Paon, notamment Fontenoy et Laufeld.

LES CADETS-GENTILSHOMMES DES TROUPES

(1776-1791)

Création des cadets-gentilshommes. — Leur service. — Conditions d'admission. — Discipline. — Solde — Règlement du 20 août 1776. — Contrôle des cadets. — Compagnie de l'île de Ré pour le service des colonies. — Suppression des cadets-gentilshommes des troupes. — Création des troisièmes sous-lieutenants sans appointements. — Sous-lieutenants de remplacement. — Leur suppression. — Rétablissement des cadets-gentilshommes. — Examens. — Les cadets sont définitivement supprimés le 1er janvier 1791.

Une ordonnance du 25 mars 1776 créa un emploi de cadet-gentilhomme dans chacune des compagnies des régiments d'infanterie, de cavalerie et de dragons[1]. Etaient exceptés Royal-Suédois, qui avait demandé à n'en pas avoir; le régiment d'infanterie du Roi; les régiments suisses; les corps de la maison du roi et la gendarmerie. Ces cadets-gentilhommes étaient destinés à remplir les sous-lieutenances vacantes dans leurs régiments, après que, toutefois, les officiers à la suite auraient été replacés.

Les cadets font dans leurs compagnies respectives le service de soldat; ils ne sont exempts que des corvées, et ceux qui servaient dans la cavalerie étaient autorisés à payer pour faire soigner et panser leurs chevaux.

Les cadets couchent à la chambrée; ils mangent à l'ordinaire, mais entre eux, sous la conduite et l'inspection d'un officier de choix. Les aumôniers des régiments furent chargés de leur surveillance.

---

1 Six régiments de chasseurs et un pareil nombre de régiments de chevau-légers avaient été mis sur pied le 29 janvier 1779. Il fut décidé, le 6 mai 1780, que ces corps ne recevraient plus de cadets sortant des écoles militaires.

Les jeunes gens qui sortaient des écoles avaient de droit les places vacantes. Les autres étaient nommés par le roi, sur présentation faite par les colonels au secrétaire d'État de la guerre. Les candidats devaient être âgés de quinze ans révolus, n'avoir pas dépassé leur vingtième année et prouver leur noblesse ou qu'ils étaient fils d'officiers supérieurs ou de capitaines décorés de l'ordre de Saint-Louis.

Les cadets portent l'uniforme des régiments auxquels ils sont attachés, absolument semblable à celui de la troupe, mais en drap de sous-officier, avec des boutons dorés ou argentés, selon le métal des régiments, et une épaulette en galon d'or ou d'argent. Le premier habillement était fourni par les fonds de l'École militaire. Il était renouvelé tous les deux ans et payé ensuite sur la masse générale d'entretien.

Avant d'être promus officiers, les cadets-gentilshomme doivent passer successivement par tous les emplois de bas-officiers. Ils en portent les marques distinctives et en font le service en qualité de surnuméraires. Ils n'arrivaient à l'épaulette que selon leur rang d'ancienneté, à moins d'actions d'éclat ou d'un zèle et d'une aptitude remarquables. Le cadet qui, par sa mauvaise conduite ou son peu d'entrain, perdait trois fois son rang, était, après rapport du secrétaire d'État de la guerre, rendu à sa famille. Le temps passé en qualité de cadet comptait comme service d'officier, et les lettres de sous-lieutenant portaient la date de la nomination de cadet, sans toutefois permettre de prendre dans leurs régiments respectifs d'autre rang que du jour de la nomination comme officier. Ceux qui avaient été élèves des écoles militaires devaient, au moins en partie, être nommés dans les régiments où ils servaient comme cadets.

Les cadets sont soumis à toutes les exigences du service et de la discipline; c'était, dit l'ordonnance, « une école d'obéissance et d'instruction ». Les officiers supérieurs et leurs capitaines ont cependant seuls le droit de punition sur eux : arrêts ou prison. Les autres officiers et les bas-officiers qui les trouvaient en faute, ne pouvaient que les signaler à leurs capitaines, qui infligeaient la peine. La prison des cadets était séparée de celle de la troupe.

La solde était de douze sous par jour pour l'infanterie, et de quinze pour la cavalerie et les dragons, acquittée sur les fonds de l'École militaire par les soins des trésoriers de l'extraordinaire des guerres, sur revues des commissaires des guerres.

Pendant leur première année de service, et même davantage si leur instruction s'y opposait, les cadets ne peuvent s'absenter du corps. Ils étaient admis dans la suite à profiter des semestres[1]; une moitié partait pendant que l'autre restait au régiment.

Un règlement royal concernant les cadets-gentilshommes fut édicté le 20 avril 1776.

Les cadets sont reçus à la tête de leur compagnie : « De par le roi, dit la formule de réception, bas-officiers et soldats, vous reconnoîtrez M. (*tel*), en qualité de cadet-gentilhomme, et vous le respecterez comme s'il étoit votre officier. » Toutefois, les bas-officiers et soldats, à grade égal, n'étaient pas tenu de leur obéir. Les cadets sortant des écoles militaires avaient le pas sur les autres.

Ce règlement apporte certaines modifications fondamentales à l'ordonnance du 25 mars 1776. Dorénavant, les cadets sont logés comme les sous-lieutenants; on ne peut en coucher plus de trois dans la même chambre, et chacun a son lit; les cadets sortant des écoles sont seuls habillés sur les fonds de la fondation, les autres le sont à leurs frais; l'uniforme est en drap de soldat, mais chapeau, boutons, chemises, guêtres et souliers sont conformes à ceux des officiers; outre l'épaulette d'or et d'argent, ils reçoivent, comme distinction, une aiguillette de soie de deux couleurs au choix du colonel.

Le fusil, la baïonnette, l'épée, le ceinturon et la giberne des cadets-gentilshommes sont semblables à ceux des officiers; on les fournit sur les fonds de la masse générale du régiment; celle-ci subvenait également aux frais d'achat du cheval et d'entretien de l'équipement, qui était celui du simple cavalier. Afin

---

[1] Congé accordé tous les ans pendant les six mois d'hiver à un tiers des officiers de chaque régiment, pour s'occuper de leurs affaires particulières et travailler au recrutement des compagnies.

Les officiers subalternes en semestre devaient ramener au moins quatre recrues, sous peine d'un mois de prison et d'une retenue pécuniaire, à moins d'excuses admises. (La Chesnaye des Bois, *Dictionnaire militaire portatif*; 4e édit., 1758.)

de ne pas surcharger la masse générale, une retenue de vingt livres par an dans l'infanterie, et de quarante dans les troupes à cheval était opérée sur la pension du cadet. Dès lors, celle-ci est payée tous les deux mois à titre d'appointements.

Les colonels ne peuvent proposer à des sous-lieutenances que des cadets-gentilshommes de leurs corps. Les lettres de cadet étaient adressées aux colonels des régiments, et à l'inspecteur général commandant le corps pour les carabiniers.

Un capitaine spécialement désigné, assisté d'un porte-drapeau ou d'un autre officier subalterne qui mange à la table des cadets, veille sur leur conduite et leur instruction militaire. A l'aumônier les mœurs et l'éducation. Capitaine, porte-drapeau et aumônier visitent alternativement les chambres des cadets et observent qu'ils soient couchés aux heures règlementaires. Tous les jours, à neuf heures moins un quart, le capitaine ou le porte-drapeau devaient passer une inspection des gentilshommes. Les colonels étaient « particulièrement chargés de faire employer aux cadets-gentilshommes en études, en lectures, en instructions relatives à leur état, tout le temps que les occupations et les devoirs militaires leur laissoient, afin qu'ils acquissent des connoissances et qu'*ils contractassent l'habitude du travail si essentielle à un officier.* »

Les villes ont à procurer aux cadets des salles assez spacieuses afin d'y prendre commodément les repas et s'y rassembler pour les études. Les ustensiles nécessaires à l'ordinaire étaient achetés sur les pensions. Si un cadet quittait le service, ou était nommé sous-lieutenant, son successeur lui remboursait une certaine somme, déterminée par le colonel, pour tenir lieu de la part des ustensiles qui lui revenaient et dont il faisait ainsi l'abandon.

Défense aux cadets de sortir des casernes ou de l'enceinte du quartier de la ville où ils étaient logés, sans la permission du capitaine chargé de leur conduite ; cette permission était aussi nécessaire pour dîner ou souper en ville. Ils ne pouvaient aller au bal ou au théâtre sans y être conduits par le capitaine ou le porte-drapeau ; l'aumônier les menait à la promenade. C'était une récompense pour un cadet d'être conduit dans la société par le capitaine ou un autre officier au choix de ce dernier.

Un contrôle des cadets-gentilshommes devait être tenu à l'inspection générale des Écoles militaires. Le marquis de Timbrune obtint, le 6 juin 1776, que les bureaux de la guerre lui adresseraient pour la tenue de ce contrôle, des notes sur l'âge, le lieu de naissance, les noms et prénoms des jeunes gens étrangers à la fondation agréés comme cadets, avec mention des régiments et compagnies auxquels ils étaient attachés, ainsi que la date de leurs lettres de nomination.

Par ordonnance du 13 décembre 1779, une compagnie de cadets-gentilshommes fut établie à l'île de Ré pour le service des colonies. Placée sous l'inspection de l'inspecteur général des troupes des colonies et aux ordres du commandant du dépôt de recrues, cette compagnie se composait, en outre, de : 1 capitaine, 1 lieutenant faisant fonctions d'aide-major, 1 sous-lieutenant, toujours officier de fortune [1], de 4 sergents, 4 caporaux, 12 appointés, 15 gentilshommes de la première classe, 15 de la seconde et 1 tambour. Les officiers sont choisis indistinctement dans les corps de troupe; la compagnie est étrangère au dépôt de recrues.

Pour se faire admettre dans cette compagnie, il fallait être âgé de 15 à 22 ans, être noble ou fils d'officier, en faire la preuve et recevoir de sa famille une pension de 300 livres. Les grades étaient donnés aux cadets reconnus aptes à remplir les premières vacances d'officiers. Si après deux ans de service un cadet perdait trois fois son rang pour le grade d'appointé, il était exclu des rangs de la compagnie.

Les places d'officier dans les troupes des colonies ne devaient être désormais données qu'à des cadets gradés; on montait aux divers grades selon son rang d'ancienneté. Le service fait comme cadet comptait pour les « grâces » et la croix de Saint-Louis [2].

L'uniforme consistait en un habit avec parements bleu de roi, collet droit de quinze lignes de hauteur en drap rouge, revers jaunes, veste et culotte blanche; un petit bouton au haut du re-

[1] C'est-à-dire sortant des rangs, et chargé spécialement d'apprendre le maniement des armes et les exercices militaires.

[2] La solde mensuelle était ainsi fixée : capitaine, 166 livres 13 sols 4 deniers; lieutenant, 75 livres; sous-lieutenant, 60 livres; sergent, 37 livres 10 sols; caporal, 30 livres; appointé, 27 livres; cadet de 1re classe, 24 livres; cadet de 2e classe, 20 livres; tambour, 14 livres.

vers, deux au milieu et trois en bas; trois gros boutons à l'habit au dessous du revers, trois à chacune des poches; les manches fermées en dessous par trois petits boutons blancs, tous marqués d'une ancre; la doublure de l'habit et de la veste en serge blanche; le chapeau bordé d'un galon d'argent; les épaulettes sans franges et en argent ainsi que les galons de grade. L'uniforme, en drap de bas-officier, était fourni par les cadets [1].

C'est M. de Sartine qui fit créer cette compagnie; elle ne fut licenciée qu'avec les troupes des colonies.

Les cadets-gentilshommes dans l'armée de terre furent supprimés par l'ordonnance, restée fameuse, du 22 mai 1781, qui imposa à tous les candidats-officiers de faire les mêmes preuves de noblesse que les élèves des écoles militaires. Cette ordonnance institua un emploi de troisième sous-lieutenant dans chacune des deux premières compagnies des régiments d'infanterie française (à l'exception des régiments du roi et du colonel-général) et des corps de troupes à cheval, hormis les carabiniers et les hussards; ces jeunes officiers ne recevaient pas d'appointements. Ils prenaient rang dans leurs régiments respectifs, parmi les autres sous-lieutenants, de la date de leurs lettres, et avançaient comme eux pour parvenir aux grades supérieurs. Ils étaient tenus de servir tous les ans, du 1er mai au 1er octobre, sans pouvoir s'absenter qu'en vertu d'un congé du roi, et à la condition de faire intégralement, à une autre époque, le service auquel ils étaient astreints.

Pour obtenir un emploi de troisième sous-lieutenant, on exigeait quinze ans révolus, des preuves de noblesse faites devant Chérin [2], généalogiste du roi. Parmi les élèves des écoles militaires, ceux qui y étaient élevés aux frais de leurs familles pouvaient seuls prétendre à ces emplois, parce qu'ils avaient les moyens de servir sans solde; les pages et les élèves entretenus par la fondation devaient être pourvus des sous-lieutenances

---

[1] Une masse de 15 livres par cadet fut établie pour subvenir aux réparations de l'habillement et à l'acquittement des 4 deniers pour livre destinés aux Invalides de la marine et aux frais de l'habillement à la livrée royale du tambour, qui entretenait sa caisse.

[2] Blessé mortellement devant Zurich comme chef d'état-major général de l'armée du Danube.

qui viendraient à vaquer pendant les mois d'octobre, novembre et décembre de chaque année. Les autres vacances étaient destinées aux cadets présents sous les drapeaux, qui ne pouvaient obtenir des sous-lieutenances sans appointements.

Une ordonnance du 12 juillet 1784 donna à ces troisièmes sous-lieutenants le titre de sous-lieutenant de remplacement, et en établit un dans chaque compagnie de fusiliers. Elle décida, en outre, que les pages et les élèves des écoles militaires pourraient être nommés à toute époque de l'année à des sous-lieutenances en pied, et que si des cadets-gentilshommes des troupes venaient à être promus officiers, ils prendraient le pas sur les élèves des écoles et les sous-lieutenants de remplacement pourvus d'emplois après leur admission au corps en qualité de cadets.

Les sous-lieutenants de remplacement, qui ne sont plus tenus de servir pendant la paix que du 1er juin au 1er octobre, à moins d'ordres particuliers, étaient attachés à la première division de leur compagnie et, pendant leur présence au corps, chargés spécialement de la troisième subdivision [1].

L'arrivée au pouvoir du comte de Brienne, qui reprit et compléta les réformes du comte de Saint-Germain, apporta de nouvelles modifications. Les sous-lieutenants de remplacement furent supprimés par ordonnance du 17 mars 1788 ; les deux plus anciens avaient droit aux places de cadets, qui étaient rétablis ; les autres se retirèrent en attendant qu'ils fussent rappelés au service, tout en conservant leur ancienneté dans le grade de sous-lieutenant. Les cadets avaient à subir, dans l'espace d'un an à dater de l'ordonnance, un examen pour être faits officiers. S'ils échouaient, on les renvoyait et on les remplaçait. Ils faisaient le service d'officier à dater du jour de l'examen, s'ils étaient reçus. Les sous-lieutenants de remplacement durent être replacés avant que l'on pût procéder à des nominations de cadets.

---

[1] Cette ordonnance de 1784 avait partagé la compagnie de fusiliers en deux divisions composées : la première de trois, et la deuxième de deux subdivisions, chacune aux ordres d'un sergent et comprenant deux escouades de dix hommes, dont un caporal et un appointé.

Une autre ordonnance de la même date (17 mars 1788) institua, dans chacun des régiments d'infanterie française et irlandaise seulement, et excepté le régiment du Roi, deux emplois de cadet-gentilhomme. Nommés sur la présentation des colonels et attachés à la 1re compagnie de fusiliers de chaque bataillon, les nouveaux cadets-gentilshommes avaient le même uniforme que les officiers, avec une aiguillette comme insigne de leur grade. Ils ne pouvaient s'absenter qu'après avoir été examinés par les inspecteurs généraux et avoir satisfait aux épreuves.

Ces examens roulaient sur toutes les parties du service, la police et la discipline, l'instruction que doit posséder un officier subalterne, ainsi que l'exercice des fonctions de lieutenant et de sous-lieutenant. Les pages et les élèves des écoles étaient également astreints à subir ces examens. Avant d'être nommés officiers, les cadets devaient avoir fait le service de soldat, de caporal et de bas-officier. La solde était de 270 livres par an, c'est-à-dire de 15 sous par jour.

Un emploi de cadet fut également établi dans chacun des bataillons de chasseurs créés par une ordonnance qui porte aussi cette date du 17 mars 1788. Les cadets, dans ces bataillons, devaient être attachés à la 1re compagnie. Ces dispositions ne furent pas appliquées : il n'y eut pas de nominations faites dans l'infanterie légère.

En temps de guerre, le nombre des cadets devait être doublé.

La suppression des cadets-gentilshommes eut lieu en 1790, parce que l'on cessa de remplir les emplois. Il n'en fut nommé que deux cette année, aux mois de février et de mars; 18 jeunes gens seulement, du reste, avaient été pourvus de ces emplois en 1789. Parmi eux figure Géraud-Christophe de Michel du Roc, ancien élève de l'école de Pont-à-Mousson, qui devait mourir au champ d'honneur sous le nom de duc de Frioul.

Les cadets furent supprimés définitivement le 1er janvier 1791.

APPENDICE.

Compagnie de Cadets-gentilshommes de Lorraine. — Collège militaire de La Flèche — Ecole des Carabiniers. — Ecoles d'Instruction de cavalerie. — Ecole d'Equitation des dragons. — Ecole vétérinaire d'Alfort. — Ecole des Trompettes. — Ecole des Orphelins militaires. — Ecole des Enfants de l'armée. — Ecole des Chasseurs-carabiniers. — Ecole des Orphelins de la Patrie. — Société de Jeunes Français. — Ecole de Mars.

Il reste, pour terminer ce travail, à parler des écoles militaires de nature diverse qui existaient avant la Révolution, en dehors des écoles par trop spéciales, telles que l'*Ecole des chevau-légers de la garde*[1], l'*Ecole d'équitation de la gendarmerie*[2], celle des *gardes du corps*, l'*Ecole du génie de Mézières*, l'*Ecole des élèves* et les *Ecoles régimentaires du corps de l'artillerie*, les *pages*, l'école que le duc Louis d'Orléans entretint, de 1740 à 1750, au bataillon de milices de ce nom, sous les ordres de M. de Bongars.

Les *Ecoles de marine* sont également en dehors du cadre de cette étude; il suffira de les citer: *Compagnies de gardes-marine*, créées le 18 octobre 1683; *Compagnie des cadets pour le service des troupes des colonies*, établie au port de Rochefort le 27 mai 1730; *Ecole de marine du Havre*, créée le 29 août 1773 et supprimée le 2 mars 1775; *Compagnie de cadets-gentilshommes de l'Ile de Ré*, établie le 13 décembre 1779 et licenciée le 10 août 1786; enfin, *Collèges d'Alais et de Vannes*.

---

[1] Elle comprenait des professeurs de mathématiques, de géographie, de dessin, d'allemand et d'écriture; 1 maître de danse, 1 maître d'escrime, 1 écuyer, 1 piqueur, 1 tambour et 5 palefreniers.
Le comte de Lubersac fut chef de l'école; supprimée avec la compagnie en 1787.

[2] Qu'établit et dirigea Mottin de La Balme.

I.

Compagnie de Cadets-gentilshommes du roi de Pologne, duc de Lorraine et de Bar.

Le roi Stanislas avait pris possession du duché de Lorraine le 18 janvier 1737. Par ordonnance du 30 décembre 1738[1], il institua une compagnie de Cadets-gentilshommes, ouverte aux Lorrains et aux Polonais et destinée à former des guerriers et des administrateurs. Tous les candidats devaient prouver qu'ils étaient nobles, et il ne pouvait être admis aucun cadet contrefait ou atteint d'infirmités.

Le lever avait lieu, du 1er octobre au 31 mars, à cinq heures et demie, et à cinq heures le reste de l'année. La journée se passait à suivre des cours de langues[2], d'histoire, de mathématiques, de danse, d'escrime, d'équitation, à faire l'exercice. Les dimanches et jours de fêtes étaient consacrés au catéchisme et à l'étude des belles-lettres et de l'écriture sainte. On entendait la messe tous les jours.

Le dîner avait lieu à midi, et le souper, selon la saison, à sept ou huit heures. A moins de cas extraordinaires, les cadets ne pouvaient sortir de l'Hôtel; on ne les laissait, sous aucun prétexte, souper en ville, même chez le roi. La discipline était très rigoureuse; la tenue générale de la compagnie, militaire dans toute l'acception du mot. L'entrée des cabarets, cafés et billards était interdite aux officiers et aux cadets; les jeux de hasard étaient prohibés, et les délinquants sévèrement punis. Les cabaretiers chez qui des cadets seraient vus, se rendaient passibles d'une amende de 50 livres[3].

Les leçons d'équitation duraient trois heures, pendant lesquelles chaque cadet devait monter trois chevaux. Elles avaient lieu les lundi, mercredi, vendredi et samedi; douze cadets seulement montaient durant une leçon. Pendant la troisième année,

---

[1] *Ordonnances de Lorraine;* Lunéville, 1738, t. VII, *Suppl.*, p. 30.

[2] Qui comprenaient la lecture, l'écriture, l'orthographe et les grammaires française et allemande.

[3] Les divers règlements sur la police et les études sont du 1er janvier 1740 (*Ordonnances de Lorraine*, t. VII. *Suppl.*, p. 36).

le jeudi, il se professait un cours d'hippiatrique. Le manège était dirigé par deux écuyers; il comptait huit palefreniers et trente chevaux[1].

La compagnie, installée le 1er mai 1739, se composa, au début, de 48 cadets : 24 Polonais et 24 Lorrains. Le séjour y était de trois années. Les cadets qui prenaient du service dans les régiments recevaient, pendant deux ans, une gratification de 500 livres, afin de leur faciliter le moyen de devenir officiers. Si, pendant ces deux années, ils n'avaient pu obtenir une commission, ils retournaient dans leurs familles.

La création de la compagnie de Lunéville avait eu pour but de former des sujets pour le service de France. La suppression de la gratification après deux années contrariait les vues du roi Stanislas. Pour empêcher les cadets de passer au service de l'Empire, « où on les reçoit à bras ouverts, » disait le commandant de la compagnie, à la sollicitation du prince il fut accordé[2] que les huit cadets les plus distingués qui trouveraient des régiments où les colonels consentiraient à les prendre, y seraient reçus comme lieutenants réformés sans appointements. Jusqu'à ce qu'ils fussent pourvus d'un emploi rétribué, le duché de Lorraine leur faisait 400 livres d'appointements.

Les cadets étaient formés en deux compagnies.

Le personnel comprenait 1 commandant, 2 capitaines-lieutenants, 1 major, 3 brigadiers[3], 1 aumônier, 2 écuyers, 2 professeurs de mathématiques et 2 d'allemand, des prévôts d'armes et des maîtres à danser[4].

---

[1] Etat du 1er janvier 1761.

[2] Décision du 18 novembre 1753.

[3] Par décision du 2 janvier 1741, ces officiers demeuraient au service de la France et pouvaient y obtenir des brevets de grades.

[4] Etat de la compagnie au 1er janvier 1761 :
Commandant : Baron de Baye (François-Charles);
Capitaines-lieutenants : De Wicklinsky (Hyacinthe), — De La Carrière (Louis);
Major : De Montargue (Claude-Nicolas) ;
Brigadiers : De Bainville (Jean-Claude), — Le Paige (Théodore), — De Mulheim (N.);
Aumônier : Le P. Siméon, carme;
Ecuyers : De Toule, — De Najac;

Comme domesticité : 24 domestiques, 1 traiteur, 1 portier, 1 infirmier, 4 blanchisseuses, 1 porteur de bois, — relevant d'un contrôleur, — 1 perruquier et 4 garçons.

Enfin, 1 fifre et 2 tambours. Le drapeau était porté par un cadet.

L'uniforme comportait trois tenues : tenue de gala, tenue de service, tenue de ville.

Tenue de gala. — Habit jaune, gilet jaune bordé d'argent avec galons larges plats aux boutonnières et bouffettes au bout, galons sur les coutures, revers et collets noirs avec galons et boutons au bout, pattes d'épaulettes, culotte noire, bas blancs, bouffette rouge à l'épée, perruque poudrée, chapeau à trois cornes.

Tenue de service. — Jaune, galonnée blanc, chapeau bordé de blanc, baudrier jaune et blanc.

Tenue de ville. — Veste et gilet noirs bordés de bleu, bas et culotte noirs, patte sur l'épaule droite, patte et épaulette sur l'épaule gauche.

Le roi Stanislas mourut le 23 février 1766. Par lettres patentes en forme d'édit, données à Versailles le même mois et enregistrées en la cour de Nancy le 28, Louis XV prit possession du duché de Lorraine.

Le 27 mars, le baron de Baye, commandant les cadets de Lorraine, fut autorisé à les licencier. L'opération eut lieu le 1er avril.

Pendant les dix-sept années de son existence, l'institution du roi Stanislas reçut 564 cadets : 397 Lorrains et 167 Polonais. De ceux-ci 1 mourut à la compagnie, 1 passa en Allemagne et 31 entrèrent au service de France ; 134 ne furent pas employés.

7 Lorrains succombèrent au corps, 43 furent admis à la solde de l'Empire, 279 prirent du service en France, et 68 ne reçurent ou ne trouvèrent pas d'emploi.

Parmi les 310 officiers que fournirent à la France les cadets de Nancy[1] figurent : le maréchal de Vioménil ; le comte de Choi-

---

Maîtres de mathématiques : L'abbé Plaid, de l'Académie des Sciences et Belles-Lettres de Nancy, — Laurent, adjoint ;

Maîtres d'allemand : Martener, — Martener fils, adjoint.

[1] Les cadets servirent dans toutes les armes ; deux entrèrent dans la marine.

seul-La Baume, le baron de Vioménil, le comte Jean-Charles d'Haussonville, lieutenants généraux; le comte de Chamisso, Louis-Bernard d'Haussonville, le comte de Messey, François-Louis Humbert, le baron de Baye, le chevalier de Lavaulx, maréchaux de camp.

Le corps fut successivement commandé par Ulric, baron de Schack, le comte Charles de Streiff (1er janvier 1747) et le baron de Baye (1er juillet 1753). Ces deux derniers étaient officiers généraux.

II.

Collége militaire de La Flèche.

Le collège de La Flèche, fondé par édit donné à Rouen en septembre 1603, pour faire l'éducation gratuite de cent gentilshommes pauvres qui se destinaient à la magistrature ou à l'état ecclésiastique, restait sans destination depuis l'arrêt du Parlement du 6 août 1761, qui prescrivait la fermeture des établissements scolaires tenus par les Jésuites à qui le collège avait été confié.

Par lettres patentes données à Versailles le 7, et enregistrées en la Cour de Parlement le 11 avril 1764, Louis XV conserva le collège, en maintint l'établissement fait par Henri IV et le destina à l'éducation et à l'instruction de deux cent cinquante gentilshommes.

Les candidats, nommés par le roi sur la présentation du secrétaire d'État de la guerre et de la marine (Choiseul réunissait alors les deux charges), de préférence fils d'officiers, devaient faire les preuves de noblesse et remplir les conditions requises des jeunes gens qui se destinaient à l'École militaire. L'âge d'admission était fixé de huit à onze ans, treize pour les orphelins. On ne pouvait quitter le collège sans l'autorisation royale Toutes les places d'élèves à l'École militaire étaient réservées aux jeunes gens sortant de La Flèche.

L'administration du collège fut confiée, sous le contrôle du secrétaire d'État de la guerre, à un bureau composé de l'évêque du diocèse, du lieutenant général dans la province, du procureur du roi à la sénéchaussée de La Flèche, de deux notables gentilshommes, anciens officiers nommés par le roi, du maire de la ville et du principal du collège. En cas de vacance des charges de lieutenant-général et de procureur du roi, leurs places dans le bureau étaient occupées par le lieutenant particulier et par l'officier du siège qui y faisait les fonctions de procureur[1]. L'évêque seul pouvait se faire représenter par un ecclésiastique séculier de son choix, pris en dehors de ceux qui étaient employés au collège. Le bureau s'assemblait une fois par mois; deux fois à dater de 1767.

Les lettres patentes créèrent aussi un emploi d'inspecteur, logé et nourri au collège et ayant séance et voix délibérative au bureau d'administration. Le roi se réservait, en outre, d'envoyer, quand il le jugerait à propos, un des officiers de l'École militaire, avec des instructions particulières, pour s'assurer que tout était en ordre. Cet officier, qui n'eut pas d'abord entrée dans le bureau et ne pouvait s'immiscer en aucune façon dans l'administration du collège, eut plus tard le droit de requérir le président de le réunir.

Le collège était desservi par des personnes ecclésiastiques ou séculières. Le personnel comprenait un principal, un sous-principal, deux professeurs de philosophie, un de rhétorique et cinq régents pour les classes de seconde, jusques et y compris la sixième[2], plus le nombre de sous-maîtres reconnu nécessaire. Ils avaient la table et le logement; ceux qui étaient mariés le conservaient, mais ne pouvaient l'habiter avec leurs familles. Des lettres patentes du 22 avril 1768 créèrent un second emploi de sous-principal, avec le titre de « préfet des études ».

Les classes étaient publiques et ouvertes gratuitement à des élèves externes. Les professeurs et régents portaient la robe académique dans l'exercice de leurs fonctions.

Le principal, les professeurs et les régents étaient nommés par le roi, qui seul pouvait accepter leur démission. La nomination du principal avait lieu sur la présentation de l'Université de Paris; les autres, après un concours public, qui se passait au collège Louis-le-Grand. N'étaient admis à concourir que des

---

[1] Arrêt du Conseil d'Etat, 8 août 1767.
[2] Une ordonnance du 9 octobre 1765 créa une place de régent de septième.

maîtres ès arts de l'Université. Le principal avait la nomination des sous-principaux et des sous-maîtres, ainsi que celle des domestiques et serviteurs.

Quatre chapelains, nommés par le roi sur la présentation de l'évêque, desservaient la chapelle, assistés de cinq chantres et d'un organiste, choisis par le premier chapelain[1].

Le collège fut conservé dans la jouissance de ses biens, sauf les papegaux de Bretagne, destinés dès lors au soutien des collèges de cette province. Les biens du collège durent, à partir du 1er janvier 1765, être régis par le bureau d'administration. Comme ces revenus étaient loin de couvrir les frais d'éducation de deux cent cinquante jeunes gens, le surplus de la dépense était à la charge de l'École de Paris, qui eut aussi à acquitter les frais d'installation et de premier établissement.

Les demandes et contestations concernant le collège et biens furent portées, comme auparavant, devant le sénéchal de La Flèche et par appel en cour de Parlement. Le collège jouissait de toutes les franchises, exemptions et immunités accordées à l'Hôtel de l'École militaire. Les administrateurs étaient autorisés à faire placer, sur la principale porte de leur établissement, les armes du roi et l'inscription : *Collège royal.*

Le principal était gouverneur du collège, sous les ordres du ministre de la guerre[2]. Il avait la police des classes, devait veiller à ce que chacun fît son devoir et adressait au Ministre, tous les trois mois, les notes qu'il avait recueillies sur les élèves pendant le cours du trimestre.

Le sous-principal pouvait, en cas d'absence, remplacer son supérieur dans les différents exercices du pensionnat et, en général, dans les fonctions qui demandent l'autorité du chef. Il était tenu d'assister aux récréations et devait visiter chaque jour les diverses parties de l'établissement. Les lettres patentes du 22 avril 1768, qui créent l'emploi de préfet des études, décidèrent que ces deux places de sous-principal seraient données à des prêtres gradés en théologie.

---

[1] Les chapelains furent supprimés par les lettres patentes du 22 avril 1768.

[2] Ordonnance du 9 octobre 1765.

Les sous-maîtres devaient s'appliquer à bien connaître le caractère des enfants qui leur étaient confiés et ne pas se « considérer comme des instituteurs uniquement chargés des études, mais comme des hommes choisis pour maintenir, autant par leur exemple que par leurs paroles, le bon ordre de la maison. » Les jours de congé et les dimanches et fêtes, ils donnaient aux élèves des leçons élémentaires de géographie et d'histoire, selon le cours de Rollin. Ils étaient aussi chargés de l'étude des langues française et latine, qu'ils devaient faire marcher concurremment.

Le lever était fixé à cinq heures et demie en semaine et à six heures les dimanches et fêtes. Les élèves devaient s'habiller eux-mêmes et mettre leur chambre en ordre. On se couchait tous les jours à huit heures et quart.

Le déjeuner avait lieu à sept heures et demie, le dîner à onze heures trois quarts, le goûter à quatre heures et demie et le souper à six heures trois quarts. Le reste de la journée se passait en cours et études coupés par deux récréations d'une demi-heure chacune. Comme pratiques religieuses : messe quotidienne; catéchisme dimanches et fêtes; vêpres; confession et communion fréquentes.

Le collège fut affilié à l'Université de Paris et soumis à son inspection, juridiction et autorité[1]. Les professeurs et régents, qui n'étaient pas maîtres ès arts de cette Université,—le principal lui-même, s'il était dans ce cas, — durent faire le nécessaire pour se faire immatriculer en cette qualité. Les professeurs de philosophie envoyaient deux fois par an, en décembre et en avril, au greffe de l'Université, des catalogues de leurs élèves, écrits de la main de ces derniers. L'affiliation n'avait lieu que pour les cours de grammaire, de rhétorique et de philosophie, qui devaient être les mêmes que ceux suivis à Paris.

Un arrêt du Conseil d'État, du 8 août 1767, maintint ces diverses dispositions. Il régla de plus, que, deux fois par an, l'on ferait soutenir des thèses publiques pour les cours de physique et de logique à quelques-uns des élèves, et qu'une distribution de prix aurait lieu chaque année dans les dix premiers jours d'août. On accordait deux prix et huit accessits par classe. La

---

[1] Lettres patentes du 7 avril 1767.

distribution en était solennelle. Il était, en outre, deux ou trois fois dans l'année, décerné des prix aux élèves signalés pour leur travail et la régularité de leur conduite.

La rentrée des classes était fixée à la Saint-Rémi, c'est-à-dire au 1er octobre. Les élèves, pensionnaires et externes, n'étaient admis dans une classe supérieure qu'après un examen qui se passait à la fin de l'année scolaire. Ceux qui échouaient étaient rendus à leurs familles. Les vacances commençaient, pour les classes de mathématiques et de physique, le 1er août; pour la logique, le 8; la rhétorique, le 13, et les autres, le 16.

Les portes du pensionnat s'ouvraient, le matin, à cinq heures et demie et se fermaient à neuf heures et demie du soir. Les clefs étaient remises à l'inspecteur et, en son absence, au principal.

Par lettres patentes du 20 février 1772 tous les élèves de l'École militaire durent sortir de La Flèche. Cette disposition, du reste, figure dans les lettres de 1764. L'âge maximum d'admission au collège fut abaissé à dix ans, sauf pour les candidats qui pouvaient entrer en sixième et qui étaient reçus jusqu'à cet âge.

Les élèves qui se destinaient au métier des armes quittaient le collège à quatorze ans pour passer à l'École de Paris. Les nominations étaient faites à la fin de l'année scolaire, pour permettre de se faire recevoir à Paris avant le 1er octobre.

Une ordonnance du 25 mars 1776 décida que le collège serait évacué dans le courant du mois d'avril. Elle supprima les divers employés, à l'exception du principal, du sous-principal et des régents, qui continuèrent provisoirement leurs fonctions.

Le collège fut rétabli à La Flèche tel qu'il avait été fondé par Henri IV et rendu à l'éducation de cent gentilshommes pauvres qui se destinaient à la magistrature ou à l'Église[1].

Enfin, l'administration et la direction du nouvel établissement furent confiés à la Congrégation de la Doctrine chrétienne, sous l'inspection du secrétaire d'État de la guerre[2]. La Congrégation entra en possession des biens et revenus de la fondation le 1er juillet. Le collège fut alors affilié à l'Université d'Angers.

---

[1] Ordonnance du 28 mars 1776.
[2] Lettres patentes du 20 mai 1776.

Des pensions, variant de 600 à 300 livres, selon la durée des services, furent concédées au principal, aux sous-principaux, régents et maîtres. Aux commis du bureau de l'inspection, on accorda des gratifications une fois payées; le premier commis reçut 400 livres de pension. Pensions et gratifications s'acquittèrent sur les revenus de l'École militaire.

Les élèves furent répartis dans les nouvelles écoles militaires que le comte de Saint-Germain venait d'établir. Le collège comptait alors 333 élèves, qui furent dirigés : 49 sur le collège de Sorèze, les 28 et 29 avril; 60 sur Brienne les 16 et 17 de ce mois; 24 sur Tiron, les 25 et 26; 49 sur Rebais, les 17 et 18; 50 sur Beaumont, les 19 et 20; 39 sur Pontlevoy, les 23 et 24; 23 sur Vendôme, le 15; enfin, 39 sur Effiat, les 21 et 22 avril. Ce sont les dates auxquelles les supérieurs de ces divers collèges s'étaient engagés à faire emmener les élèves qui leur étaient destinés.

Le maréchal Clarke et La Tour-d'Auvergne ont été élevés à La Flèche.

III.

École des Carabiniers.

Le 25 août 1763, le duc de Choiseul décida l'acquisition, à Saumur, d'une raffinerie abandonnée, moyennant 60,000 livres environ, à l'effet d'établir une école d'équitation pour le corps royal des carabiniers. Cette école fut installée en 1764.

Il y avait toujours à l'école 10 hommes à cheval par compagnie[1], relevés au fur et à mesure de leur instruction. Tout le corps passait ainsi à l'école en quatre divisions.

Les détachements étaient commandés par 5 capitaines, 5 lieutenants et 5 sous-lieutenants, aux ordres d'un lieutenant-colonel. On instruisait les officiers en même temps que leur troupe; ils exécutaient les mêmes exercices.

Outre les 10 carabiniers successivement détachés à l'école, les 12 hommes à pied de chaque compagnie y restaient à de-

---

[1] Le corps formait 5 brigades de 2 escadrons de 3 compagnies.

meure, afin d'être continuellement exercés à pied, ainsi que sur les chevaux des autres.

50 officiers du corps étaient ensemble à l'école. Tous les nouveaux officiers devaient y passer un an, pour apprendre à bien faire l'exercice à pied et l'exercice à cheval, et à les commander.

Le marquis de Poyanne, inspecteur du corps, commandant supérieur de l'école, y résidait, ainsi que le major général et l'aide-major général du corps, et un chirurgien.

IV.

Écoles d'instruction de cavalerie.

Une instruction du 21 août 1764 régla l'établissement et le fonctionnement de trois écoles[1] destinées à instruire et à exercer la cavalerie sur des principes d'équitation uniformes et invariables, afin de faire exécuter les manœuvres avec justesse et précision.

Ces trois écoles furent établies à Douai, Metz et Besançon. Chacune était sous les ordres d'un commandant[2], qui avait avec lui 4 officiers et 8 maréchaux des logis.

Le marquis de Barbançon, lieutenant général, et le maréchal de camp de Montchenu, furent investis des fonctions de commandants supérieurs des écoles de Douai, Metz et Besançon.

Chaque régiment de cavalerie détachait 1 capitaine, 1 officier-major, 2 lieutenants ou sous-lieutenants, 16 maréchaux des logis et 16 cavaliers montés, dont un maréchal-ferrant. Les cavaliers servaient à panser les chevaux des officiers; ils devaient suivre les cours durant leurs moments de loisir.

Si le nombre de 16 pour les maréchaux des logis ne pouvait être atteint, on le complétait par les cavaliers les plus intelli-

---

1 Une quatrième école devait être installée à La Flèche; elle ne fût pas mise sur pied. Remplacée par l'école de Saumur.

2 Jean-Félix de Merlin de Louvat du Molard, brigadier, commandant l'école de Douai; François-Louis d'Adhémar, chevalier de Panat, lieutenant-colonel de cavalerie, école de Metz; Antoine du Pont du Mont, lieutenant-colonel de cavalerie, école de Besançon: Ignace, baron de Livron, major des carabiniers, désigné pour l'école de La Flèche.

gents et les plus aptes à être appelés au grade de maréchal des logis.

Le choix des détachements était fait par les inspecteurs généraux, de concert avec les commandants des corps. On devait, de préférence, désigner les jeunes gens bien faits, montrant des dispositions à l'équitation. Pour les chevaux : les plus légers, les plus souples et les plus propres au travail.

Officiers et cavaliers détachés figuraient comme présents à leurs régiments respectifs. Outre ses appointements, le commandant d'école recevait une gratification mensuelle de 500 livres ; les capitaines, de 150 livres, les lieutenants et sous-lieutenants, de 100 livres. Cette gratification était de 15 sous par jour pour les maréchaux des logis.

Les capitaines avaient à répondre au commandant de l'école de la police de leur détachement ; ils veillaient à la nourriture et au pansement des chevaux. Quant aux élèves, ils n'étaient assujettis à aucun service dans la place ; tous devaient prendre une leçon par jour.

On construisit des manèges spéciaux, de 120 pieds de long sur 45 de large ; pour uniformiser les leçons, il fut établi une instruction sur l'équitation, qui porte aussi la date du 21 août 1764.

Les écoles entrèrent en exercice le 1er octobre 1764 ; elles furent éphémères.

Il y avait, en outre, à Versailles, en 1766, une école de sellerie.

V.

École d'équitation des dragons.

Cette école fut établie également le 1er octobre 1764, sur le modèle des écoles d'instruction de cavalerie, et installée à Cambrai, sous la direction du maréchal de camp de La Porterie. Jacques Constant, major de cavalerie, commandait en second l'école.

Elle comprenait 4 chefs de manège, 7 maîtres ou aides de manège et 11 sous-maîtres.

L'école d'équitation de Cambrai, pour les dragons, fut supprimée le 9 mars 1770.

VI.

École vétérinaire d'Alfort.

Afin d'assurer, en hommes capables, le recrutement des maréchaux experts des troupes à cheval, Louis XV décida, le 15 octobre 1769, d'entretenir des élèves militaires à l'école vétérinaire d'Alfort.

Chacun des régiments de cavalerie, de dragons, de hussards et de troupes légères devait détacher un cavalier à Alfort. Ces cavaliers étaient casernés dans une maison sise près l'école, dite caserne des Carrières, sous l'autorité d'un commandant spécial. Ils fournissaient chaque jour un piquet composé de 4 cavaliers et de 1 maréchal des logis. Des cavaliers du piquet, deux étaient de service à la caserne le matin, pendant que les deux autres allaient suivre les cours, et réciproquement le soir. Les élèves se rendaient à l'école aux heures de classe.

Trois appels quotidiens avaient lieu : le premier, au départ pour l'école; le deuxième, après dîner; le troisième, après souper, à l'heure de la retraite, fixée à dix heures du soir toute l'année. Ni femmes ni filles ne pouvaient entrer dans la caserne, et il n'était permis de s'en éloigner de plus d'une demi-lieue les jours de fête, dimanches et jeudis de congé, ni aller à Paris qu'avec l'autorisation du commandant des élèves militaires. Un commissaire des guerres était chargé de leur police.

Le nombre des élèves parut trop considérable. Un règlement du 12 février 1774 le réduisit à vingt, entretenus en tout temps, et destinés à remplacer les maréchaux experts dans les régiments de cavalerie, de dragons, de hussards et de troupes légères.

Le candidat élève, après avoir pris l'agrément du directeur de l'École, contracte deux engagements sans lesquels il ne peut songer à entrer dans les troupes : le premier de 4 ans, temps à passer à l'école; le second de 8 ans, durée d'un congé à cette époque. Il reçoit pour ses engagements 150 livres payées : 50 à l'entrée de l'école, 100 à l'expiration du premier engagement et s'il est jugé capable d'exercer la médecine vétérinaire.

L'uniforme consistait en un frac de drap bleu à la polonaise avec revers, collet, parements et doublure chamois; les boutons blancs timbrés des lettres E. R. V.; veste et culotte de tricot bleu. On fournissait encore une paire de bottes, un bonnet de travail et un sarrau de tricot bleu avec collet de drap chamois. Le chapeau était bordé de laine ou de fil blanc.

La dépense de chaque élève était fixée à 300 livres par an, et la masse à 50 livres.

Lorsque le degré de leur instruction le permettait, les élèves militaires d'Alfort étaient, sur la demande que les colonels en faisaient au ministre, versés dans les régiments comme maréchaux experts. Ils avaient le grade de maréchal des logis.

Par décision du 2 février 1774, deux lits étaient entretenus pour les malades à la maison des Frères de la Charité.

L'officier commandant avait 1200 livres de traitement. Les titulaires de ces fonctions furent :

1770. — Jean-André de Chabert, capitaine de dragons, qui remplaça Bourgelat comme directeur général;

1785. — Nicolas-Gabriel de Brem, capitaine de hussards;

1789. — Nicolas-Joseph Le Fèvre, sous-lieutenant de cavalerie.

VII.

École des Trompettes.

De tout temps les régiments de cavalerie avaient éprouvé beaucoup de difficultés à se procurer des sujets en état de faire de bons trompettes. Certains corps même engageaient des musiciens étrangers; d'où pas d'uniformité dans les sonneries. Ce manque d'uniformité, ainsi que la nécessité de soumettre tous les trompettes aux mêmes principes, avaient déjà poussé le comte d'Argenson à installer aux Invalides une école où les régiments pouvaient envoyer leurs trompettes. Mais cet établissement n'avait eu aucun succès.

En 1773, Pierre-Laurent Willig, ex-premier trompette des hussards de Turpin, « maître-trompette pensionné, timbalier de la cathédrale de Strasbourg et musicien de toutes sortes d'instruments, » adressa à ce sujet un mémoire au ministre. Willig, dont les talents étaient connus, instruisait depuis 20 ans des sujets pour les régiments de cavalerie; il leur enseignait « le bruit de guerre », « l'ordonnance » et diverses marches; il avait également formé des musiciens et des fifres pour l'infanterie.

Il proposait de prendre des Alsaciens de 16 à 17 ans, à payer comme soldats; on leur fournirait un habillement analogue à l'uniforme de la cavalerie et consistant en un surtout de drap bleu doublé de chamois, une veste et une culotte de drap chamois; le reste de l'entretien à leur charge.

Le mémoire de Willig fut communiqué le 15 juillet 1773 au comte de Vogué, commandant à Strasbourg. Vogué donna, le 14 août, un avis favorable basé sur la nécessité de sonneries uniformes, les talents de Willig et la modicité de la dépense. Il considérait les Alsaciens et les Lorrains comme plus aptes que les autres régnicoles à procurer des jeunes gens ayant le goût et les aptitudes pour apprendre à jouer des instruments militaires, et proposa Strasbourg comme la ville la plus convenable pour l'établissement projeté.

En conséquence, ces propositions furent soumises au ministre, qui approuva tout, sauf le nombre des élèves qu'on lui demandait de fixer à 20 ou 30 et qu'il réduisit à 10 ou 15. Cette décision, prise le 5 février 1774, fut portée le 9 à la connaissance du comte de Vogué.

Le 19 juin, Vogué sollicite l'exécution du plan adopté et observe que les inspecteurs devraient en être prévenus, afin que les colonels ne remplaçassent plus leurs trompettes sans demander des élèves de l'école.

Enfin, le 26 juin, était approuvé l'établissement sous l'autorité du gouvernement de l'Alsace, au fort de Pierre, — où il y avait des casernes et pas de troupes, — d'une école de trompettes comptant 10 élèves. L'institution commença à fonctionner le 9 juillet, selon avis donné le 16 par l'intendant d'Alsace, M. de Blair, et une décision définitive intervint le 26 juillet.

Willig était nommé directeur avec 600 livres d'appointements. Jean-Georges Allon, ex-sous-lieutenant dans Royal-Allemand, recevait le titre de commandant chargé de la discipline des élèves. Allon percevait également un traitement annuel de 600 livres; il faisait le prêt, réglait la chambrée, s'assurait que les enrôlements étaient contractés lors du départ pour les régiments. Un commissaire des guerres était chargé de la police.

Les élèves se soumettaient à servir huit ans dans les troupes. Ils apprenaient à sonner « le bruit de guerre » selon les ordonnances et à jouer d'un instrument autre quelconque : clarinette, basson ou cor. Ils étaient habillés, mais les uniformes demeuraient à l'école, les élèves rejoignant leurs corps revêtus des habits civils qu'ils portaient à leur arrivée. Comme solde : 5 sous 8 deniers par jour. Aucun étranger ne pouvait être admis; tous les élèves étaient Alsaciens ou Lorrains.

Le nombre des élèves fut porté de 10 à 20 le 22 avril 1775, et le traitement de Willig, de 600 à 800 livres. En présence des excellents résultats obtenus, Vogué demanda, le 14 mai 1776, que le nombre des élèves fût augmenté de 40. L'école ne pouvait déjà suffire aux demandes et elle ne le pourrait pas dans l'avenir, l'ordonnance du 25 mars 1776 remplaçant, dans les dragons, les tambours par des trompettes. La décision approbative est du 11 juillet. Par cette même décision, les appointements du directeur furent mis à 1200 livres.

Willig fournissait les instruments et accessoires; il avait pris trois prévôts qu'il payait de ses deniers 50, 36 et 24 livres par mois. Aussi ses appointements ne suffisaient-ils pas, et il lui fut permis de recevoir de l'argent des jeunes gens qui se présentaient pour s'engager.

Une ordonnance du 17 mars 1788 prononça le licenciement de l'école. Il fut opéré le 26 mars par le baron de Flachslanden, commandant en 2[d] en Alsace. Selon ordre du 13, les meilleurs élèves furent envoyés dans la cavalerie; les moins bons se virent verser dans l'infanterie comme surnuméraires; on licencia les autres purement et simplement. Chacun d'eux garda son habillement.

L'école comprenait alors 42 élèves, dont 3 admis seulement le 25 mars. Elle possédait 23 trompettes, 16 clarinettes, 8 cors et 4 bassons, qui furent vendus aux enchères. Cette vente, qui comprenait encore des octaves de flûte, des tons de cor et une armoire, produisit 207 livres.

Allon obtint une pension de retraite de 600 livres le 26 juin 1788; celle de Willig fut établie à 900 livres. Avec ses anciens élèves et ceux de l'école il avait fourni 880 trompettes aux corps de troupes à cheval.

VIII.

École des Orphelins militaires.

Cette école prit naissance en 1772. Elle était destinée à faire l'éducation de fils de militaires morts ou blessés au service, sans distinction de grade et de condition. Ils y recevaient une éducation dont les résultats devaient tourner au profit de l'État ou à leur avantage personnel, selon leurs désirs ou leurs dispositions morales. Bien que soumis aux mêmes règles, les élèves étaient dirigés chacun vers le but auquel les appelaient leur penchant ou leurs facultés.

Un élève, ayant le titre de major, commandait en chef à l'école. Les élèves étaient partagés en quatre divisions aux ordres d'un élève chef de division, qui avait pour adjoint un chef de section. Chaque division était subdivisée en escouades. Le major et les quatre chefs de division formaient un conseil, qui s'assemblait tous les soirs, au milieu d'un cercle formé par les élèves, et prononçait les récompenses et les punitions sur les rapports de la journée. Les châtiments corporels étaient interdits.

La garde quotidienne était commandée par un chef de division, qui avait en même temps, pendant sa journée de service, la police de toute la maison. Son chef de section le suppléait dans la police particulière de la division. Le chef d'escouade de garde faisait fonctions de sous-officier; il était suppléé, dans le service particulier de son escouade, par un sous-chef. Les élèves de garde ne se couchaient qu'après leurs camarades, lorsque la ronde était faite et que tout était en ordre.

Paulet, fondateur de l'école, est le créateur de la méthode d'enseignement mutuel, propagée et perfectionnée par Bell et Lancaster. On habituait les élèves les plus avancés à professer en sous-ordre. Cela réunissait le double avantage de perfectionner les élèves et de faire faire des économies de professeurs, qui étaient choisis avec un grand soin. Paulet, du reste, n'exerçait qu'une légère influence; la police, une partie de l'enseignement, l'administration, étaient confiées aux élèves.

Les études étaient aussi fortes que dans les collèges; elles comprenaient les lettres, les sciences et tous les genres de professions. On y apprenait les langues mortes, des langues étrangères, les mathématiques, le dessin et tous les arts d'agrément. Quelques jeunes gens se perfectionnaient dans les connaissances nécessaires aux professions qu'ils avaient adoptées, telles que la médecine, la chirurgie, la peinture, la sculpture, l'architecture, etc. Certains étaient placés en apprentissage chez des maîtres ouvriers de diverses professions. Ces élèves étaient soumis aux mêmes règles disciplinaires que ceux présents à l'école; ils devaient produire hebdomadairement un certificat de leurs patrons[1].

Paulet n'était pas un gentilhomme irlandais, comme on l'a cru jusqu'ici. Il était bien Français, s'appelait Fleury Paulet tout court; il était fils d'un marchand de blé de Lyon, où il naquit, le 8 mars 1737. Après avoir servi deux années comme volontaire, il fut nommé cornette au régiment de cavalerie de la Reine, le 17 mars 1761, et fut réformé à la paix. Il servait sous le nom de Caumartin : son brevet l'appelle Fleury de Paulet de Caumartin.

Afin de se donner comme gentilhomme, et partant obtenir des lettres d'officier, Paulet produisit un extrait de baptême gratté et surchargé; pour faire croire à une origine irlandaise, l'*u* de son nom avait été changé en un *w* et, « marquis de Black » avait remplacé « marchand de blé[2] ». Peccadille alors, et presque autorisée.

Louis XVI prit l'école sous sa protection par règlement du 7 septembre 1788. Un secours annuel de 200 livres par élève, assigné sur les revenus de la loterie, lui avait déjà été accordé[3]. A cette époque, l'école des Orphelins militaires comptait 160 élèves, dont 70 étaient fils d'officiers. Son entretien coûtait à Paulet 50,000 livres par an, qu'il prélevait sur son patrimoine.

---

[1] *Notice sur l'Établissement d'instruction publique du chevalier de Paulet*, parue en 1816 dans le *Journal d'Éducation*. L'auteur de cette notice est le maréchal Macdonald, ancien élève du chevalier de Paulet.

[2] Jal, *Dictionnaire critique de biographie et d'histoire*, p. 949.

[3] L'*Etat nominatif des pensions, gratifications et traitements qui se payent sur d'autres caisses que celle du trésor royal*, imprimerie royale, 1790, donne copie de la décision royale, mais n'en fait pas connaître la date.

« Cet établissement, dit le rapport au roi, est très avantageux pour les fils d'officiers de fortune et de soldats, qui y sont élevés selon leurs dispositions naturelles, soit pour l'art militaire, soit pour les arts et métiers ou pour l'agriculture. » Ce rapport rend, plus loin, justice au chevalier de Paulet, « dont le zèle et les sacrifices trouveront difficilement des imitateurs », dit-il, et termine en demandant que le secours annuel que le roi voulait accorder lui fût payé, pour cette fois, plusieurs années d'avance. Paulet se proposait alors de transférer son établissement, qui était établi à la barrière de Sèvres, à la butte de l'Étoile et d'y faire construire les bâtiments nécessaires.

Le règlement royal du 7 septembre 1788, qui met l'école des Orphelins militaires sous la protection royale, lui conserve son titre. Elle partage les élèves en deux divisions : la première comprenait les fils d'officiers, la seconde ceux des sous-officiers et soldats. Aucun élève de l'une ou de l'autre division ne pouvait quitter l'école sans l'autorisation du ministre de la guerre, autorisation qu'il ne devait accorder que sur une attestation de Paulet, certifiant que la condition de la famille de l'enfant s'était améliorée et qu'elle pourrait lui faire continuer à ses frais les études commencées. L'élève qui quittait l'école sans autorisation était considéré comme déserteur.

Il est à remarquer que tout établissement entretenu par la charité privée et qui, dans des circonstances difficiles ou pour s'étendre, a recours à l'appui officiel, est détourné de son but et suit, le plus souvent, dès lors, une route tout autre que celle que son fondateur lui avait tracée. Cela arriva pour l'école de Paulet. Les élèves ne sont plus fondus, mais partagés en deux catégories, selon le principe funeste des classes sociales. D'autre part, des avantages relativement considérables sont faits aux élèves de la première division, fils de chevaliers de Saint-Louis ou gentilshommes. Ceux-ci, à l'âge de seize ans, devaient recevoir des places d'officiers destinés à former les recrues et avoir rang de sous-lieutenant du jour où ils commenceraient à remplir ces fonctions ; le roi, bien entendu, se réservait de les employer autrement à son service, s'il le jugeait convenable.

Les élèves de la seconde division devaient, à la révolution de leur seizième année, contracter un engagement de huit ans dans les troupes, sauf ceux qui se destinaient à une profession autre que celle des armes. Ces derniers étaient divisés en trois classes : la première comprenait ceux qui avaient terminé leurs études professionnelles ; ils recevaient sur-le-champ leur congé et demeuraient libres ; la deuxième classe se composait de ceux dont l'intelligence était plus rebelle, mais qui cependant, par un travail assidu, pouvaient espérer, dans quatre ou cinq ans, suivre une profession ; ils avaient à contracter un engagement de huit ans dans les troupes. Ils pouvaient, toutefois, rester à Paris pour se perfectionner dans leur profession future, mais avaient à rendre compte de leur conduite à Paulet, à prouver qu'ils subsistaient de leur travail et à prendre part, les dimanches et fêtes, aux exercices militaires avec les autres élèves. Ceux reconnus incapables de réussir dans la profession qu'ils avaient embrassée devaient s'engager et étaient de suite incorporés.

L'école était commandée, sous les ordres et l'administration du chevalier de Paulet, par 24 officiers et 10 bas-officiers choisis parmi les militaires de leur grade retraités ou les élèves les plus intelligents, tous sur la proposition du chevalier ; ceux de la seconde division qui auraient obtenu ces places de bas-officiers, pouvaient espérer un avancement militaire, comme s'ils servaient dans les régiments. Ces officiers et bas-officiers avaient à maintenir l'ordre parmi les élèves dans l'intérieur de l'école, à inspecter ceux qui étaient en apprentissage et à présider aux exercices militaires ; tous étaient considérés comme en activité de service.

L'ancien uniforme fut conservé. Il était le même pour les deux divisions et se composait d'un habit bleu de roi avec parements de même couleur, collet écarlate, doublure, veste et culotte blanches, boutons blancs timbrés d'un enfant nu derrière une pile d'armes entouré des attributs militaires et des arts, et surmonté d'une couronne royale. Les officiers portaient le même uniforme avec les épaulettes et les distinctions de leur grade.

Un état des élèves avec leurs notes devait être trimestriellement adressé au secrétaire d'État ayant le département de la guerre.

Le chevalier de Paulet fut puni par où il avait péché. Dénoncé comme noble et ennemi de la Révolution par les membres de la section de Popincourt, où son école était alors établie, il dut émigrer. Un sieur Suchet, instituteur, fut chargé provisoirement de la direction de l'école dès le 29 août 1792. Elle prit alors le nom d'*École des Orphelins de la Patrie*[1].

IX.

École des Enfants de l'armée.

Sollicité par ses sentiments philanthropiques, le duc de Liancourt proposa, en 1786, de former un établissement en faveur des fils d'invalides. Il offrait au roi, à cet effet, situés à Liancourt, des bâtiments considérables en état de recevoir 200 enfants, ainsi qu'un jardin où l'on pût récolter les légumes nécessaires à l'alimentation.

Le duc de Liancourt fit part de ses vues, et pour l'aménagement matériel et pour la direction morale, au comte de Guibert, gouverneur des Invalides. Ce vénérable officier général approuva des deux mains. Alors la proposition fut portée devant le roi par le ministre de la guerre, maréchal de Ségur, et, le 9 juin 1786, Louis XVI donnait son approbation au projet.

L'école des Enfants de l'armée était créée. Le duc de Liancourt, attachait un grand prix à cette fondation; il en fut nommé inspecteur. C'était François-Alexandre-Frédéric de La Rochefoucauld, grand maître de la garde-robe du roi, brigadier et colonel d'un régiment de dragons, gouverneur de Bapaume, bien connu par le rôle éminent qu'il joua à la Constituante et dans le parti libéral sous la Restauration, et dont le nom demeure vénéré.

L'ordonnance de création fut signée le 10 août 1786. Elle fixa à 100 le nombre des élèves. Pour être admis, il fallait avoir sept ans révolus, être sain de corps et bien constitué, orphelin ou fils d'invalide ou de militaire pensionné des plus pauvres. A défaut, on pouvait prendre les élèves parmi les fils de soldat en activité, la pauvreté des parents constituant toujours une indispensable condition.

On plaça l'école sous les ordres d'officiers retraités et la sur-

---

[1] Voir ci-après, § XI.

veillance de bas-officiers invalides [1]. Pierre Roux, ex-capitaine au régiment du duc de Liancourt, fut le premier commandant; le lieutenant fut Fick de Bellegarde, auxquels succédèrent Botot de Murat, puis Lardinois.

Par enfant le roi acquittait une solde quotidienne de 10 sous; 2 sous étaient destinés à couvrir la dépense du chauffage, de l'éclairage et de l'infirmerie; les 8 autres servaient à payer la nourriture et l'habillement, ainsi que les frais d'entretien. L'uniforme était tout entier de tricot bleu de roi : habit, veste et culotte, revers, collet, parements et doublures; boutons blancs timbrés d'une fleur de lys entourée de « Enfants de l'armée. » Avec un grand uniforme et la tenue de travail [2], l'enfant recevait 3 chemises, 2 paires de bas, 2 paires de souliers, 2 cols et 2 mouchoirs.

On apprenait à lire, à écrire, à compter et un métier utile, tel que celui de boulanger, de tailleur, d'armurier, de maréchal, de cordonnier, etc. Ceux qui n'avaient pas la taille feraient des « ouvriers de l'armée »; les autres, des « soldats avec un métier ». L'élève âgé de douze ans apprenait, en outre, le maniement des armes, à battre le tambour et à sonner de la trompette.

Ces divers exercices n'occupaient qu'une partie de la journée; l'autre moitié était employée aux travaux de la terre et à faire les routes dont les environs de Liancourt sont dotés. Le produit du travail des enfants était versé à la masse, concourait à l'entretien de l'établissement et permettait ainsi au trésor royal de suffire aux dépenses avec des sommes minimes.

Nourriture substantielle, composée de soupe et de légumes; de la viande trois jours par semaine. Les enfants préparaient eux-mêmes leur repas et mangeaient à la gamelle. Au dortoir, chaque enfant avait son lit. Tous exercices, heures de repas et de classe, etc., annoncés au son du tambour. Cette institution était destinée à fournir des soldats; le duc de Liancourt voulait que l'instruction et l'éducation concourussent à habituer les enfants au travail et leur fissent faire l'apprentissage du métier militaire, tout en formant des sujets au-dessus des recrues ordinaires.

---

[1] 1 capitaine, 1 lieutenant, 3 sergents, 5 caporaux et 12 bas-officiers invalides (10 août 1786 et 1er janvier 1788).

[2] Gilet et grande culotte de tricot bleu de roi, et chapeau bordé de laine noire.

En effet, à seize ans révolus, les élèves de l'école des Enfants de l'armée devraient être incorporés dans un régiment pour y servir huit années, ou versaient 100 livres à la caisse de l'école [1].

Le régiment qui recevrait l'élève payerait 100 livres : 50 à l'école et 50 pour équiper le nouvel enrôlé. Si l'on quittait Liancourt sans autorisation, le signalement du coupable était donné à la maréchaussée, qui le poursuivait comme déserteur.

De suite l'établissement fonctionna. 26 enfants quittaient l'Hôtel des Invalides le 8 novembre 1786; 24 autres arrivèrent à Liancourt le 2 mars 1787. Au 1er juin, il y avait 62 élèves; 134 en 1788; 156 au 1er janvier 1791. C'était presque le complet réglementaire, porté successivement dès 1789 à 160 enfants [2].

La dépense annuelle était d'environ 50,000 livres.

Le duc de Liancourt avait émigré après le 10 août, mais sa constitution toute démocratique sauva l'école des Enfants de l'armée. Elle continua à fonctionner sous la direction du capitaine Nicolas Morieux, qui, le 17 janvier 1792, avait remplacé Roux comme commandant.

Bien qu'entretenant 125 élèves en octobre 1793, l'école n'existait cependant plus officiellement. Elle n'avait pourtant pas été comprise dans la suppression des écoles militaires édictées le 9 septembre 1793, mais un décret particulier ne la conservait pas. On ne pouvait ordonnancer les dépenses et il fallait vivre. De plus, l'institution paraissait appelée à rendre les plus grands services: la Convention venait de proclamer l'adoption nationale des orphelins des « défenseurs de la patrie. »

Bouchotte s'émut de cette situation. Au mois de janvier 1794, il appela sur Liancourt l'attention des comités de salut public, d'instruction et des finances. Il constatait l'utilité de l'école, rappelait le nombre d'enfants qu'elle avait élevés ou élevait, faisait valoir qu'elle n'avait « jamais été souillée par le séjour des rejetons de l'orgueil et des suppôts de la tyrannie », annonçait que quatre-vingt-dix de ses anciens élèves servaient aux frontiè-

[1] Décision du 26 mars 1789.

[2] 130, ordonnance du 8 février 1787; 160, ordre du roi du 27 juin 1789. En conséquence, l'école reçoit les enfants du dépôt des gardes françaises, qui venait d'être supprimé.

res, et il demandait un décret qui assurât l'existence de l'école, qu'il proposait de dénommer *école des Jeunes sans-culottes.*

Ce décret fut rendu le 14 janvier 1794 (25 nivôse an II), sur la proposition de Bézard. Il maintint provisoirement l'école de Liancourt et porta la solde à quinze sous par jour. En mars 1795, on comptait 161 enfants.

Par décret du 8 juin (20 prairial an III), la Convention décréta la suppression des écoles du prieuré Saint-Martin et de Popincourt.

Le château de Liancourt fut aménagé pour recevoir les trois écoles réunies sous le titre d'*école des Elèves de la Patrie.* On porta à 30 sous la paye quotidienne. Morieux fut nommé chef de bataillon, commandant et inspecteur de l'école. Celle-ci eut un directeur des études, releva du comité d'instruction publique; enfin, elle vit le nombre de ses élèves porté à 600 le 25 septembre 1795 (3 vendémiaire an IV).

L'école des Élèves de la Patrie est l'objet de la sollicitude des Assemblées; le conseil des Cinq-Cents s'en occupa dans sa séance du 12 juillet 1798 (24 messidor an VI); elle attira également l'attention du premier Consul.

Lucien Bonaparte, ministre de l'intérieur, fit en 1800 sectionner le Prytanée français en quatre collèges : Paris, Saint-Cyr, Saint-Germain et Compiègne.

Selon règlement du 16 juillet 1801 (27 messidor an IX), le collège de Compiègne comporte 300 enfants, divisés en deux sections comprenant les élèves de moins de douze ans et ceux au-dessus de cet âge. La première section suit des cours primaires; de la deuxième, on forme deux divisions : arts mécaniques et marine. A cette époque, l'école de Liancourt cesse d'avoir une existence propre; elle est versée au collège de Compiègne, qui, le 25 février 1803 (6 ventôse an XI), devenait *école d'Arts et Métiers*, et fut transférée à Châlons. Morieux, qui avait amené ses enfants à Compiègne, cessa toutes fonctions le 22 septembre 1801.

X.

École des Chasseurs-carabiniers.

Établies, par ordonnance du 14 avril 1789, à Arras et à Neuf-Brisach et placées sous la haute direction du lieutenant général duc de Guines, membre du conseil de la guerre et gouverneur général de l'Artois, elles avaient pour but d'apprendre à tirer avec la carabine allemande.

Chaque régiment d'infanterie française, étrangère et suisse, chaque bataillon d'infanterie légère, envoyèrent à l'une ou à l'autre de ces écoles, selon leur garnison, un sergent et trois soldats choisis parmi les meilleurs tireurs. Ils devaient être rendus à Arras ou à Neuf-Brisach le 1er juillet et retourner en septembre à leurs corps respectifs où ils devenaient instructeurs, ce genre d'école ne devant avoir lieu que cette fois.

A l'école d'Arras les cours commencèrent le 10 juin et finirent le 24 août; à Neuf-Brisach, ils durèrent du 27 juin au 10 septembre. La première école était dirigée par le chevalier de Bachmann, lieutenant-colonel du régiment suisse de Salis-Samade, assisté d'un lieutenant au régiment d'Aunis; le marquis de Deux-Ponts, colonel du régiment de ce nom, et Gerduck, capitaine en 2d dans Royal-Liégeois, étaient à la tête de la seconde.

On paraît s'être, à l'époque, loué des résultats que donnèrent ces écoles, dont la création avait été inspirée par le duc de Guines.

XI.

École des Orphelins de la Patrie.

L'école des Orphelins de la Patrie, dite aussi *école nationale de Popincourt*, établie qu'elle était dans la caserne de ce nom, était, ainsi qu'on l'a vu, l'ancienne école des Orphelins militaires créée en 1772 par le chevalier de Paulet, alors dirigée par le sieur Suchet.

Un décret du 18 juin 1793 avait autorisé le ministre de la guerre à répartir dans les écoles militaires ceux des élèves de l'école de Popincourt nés sans fortune et doués de l'intelligence nécessaire pour suivre les cours de ces écoles. La répartition générale fut décidée au ministère de la guerre. Chauvet, chef du bureau des Écoles, fut nommé, le 15 juillet, commissaire du département de la guerre pour procéder à cette opération conjointement avec un délégué du ministère de l'intérieur. La revue d'effectif du départ devait avoir lieu le 18 juillet.

Mais la Convention se ravisa; elle suspendit l'exécution du décret du 18 juin et décréta, le 21 juillet, que l'école des Orphelins de la Patrie serait provisoirement maintenue jusqu'à l'organisation des écoles nationales. L'institution est, en outre, placée sous la surveillance du ministre de la guerre.

Conservée par décret du 21 septembre 1793, l'école fut confiée aux soins de ce ministre et des comités de la section de Popincourt. Le décret remit le gouvernement de l'école à un directeur en chef, un adjoint et deux administrateurs nommés par l'assemblée générale de la section de Popincourt; au comité de cette section était dévolue l'administration générale. Un règlement rendu en exécution de ce décret, décida que les indigents fils de citoyens « morts pour la défense de la liberté et pour l'établissement de la République », seraient seuls reçus et que les candidats devraient produire à l'appui de leurs demandes leur acte de naissance, l'extrait mortuaire du père, un état de ses services, un certificat constatant le genre de sa mort et l'avis motivé de la section sur le territoire de laquelle il était domicilié.

La pension que la Convention nationale payait par élève à Suchet, était alors de 700 livres. Sept professeurs étaient chargés des cours : mathématiques, dessin, écriture, géographie, littérature, escrime, etc. Le but poursuivi était de former des sujets pour l'artillerie, les arts et métiers et les troupes.

Le 20 mai 1794 (1er prairial an II) la Convention décida que les élèves de Suchet, dont la direction provisoire durait depuis 1792, seraient versés dans la Société de Jeunes Français, dirigée par Léonard Bourdon. L'ancien établissement de Paulet comptait alors 88 élèves, divisés en quatre compagnies aux ordres d'un major, d'un aide-major, de capitaines et autres officiers et sous-officiers élèves.

Cette mesure ne reçut pas d'exécution. L'école subsista jusqu'au 8 juin 1795, qu'elle fut fondue avec la Société de Jeunes

Français et versée dans l'école des Élèves de la Patrie, ancienne école des Orphelins de l'armée. Lors de la fusion, l'école comptait 104 élèves, nombre réglementaire; 10 venaient d'être admis à l'École polytechnique.

XII.

Société de Jeunes Français.

La Société de Jeunes Français, ou « école du prieuré Martin [1] », du lieu de son établissement, avait été fondée par Léonard Bourdon, le conventionnel. Il obtint qu'il serait entretenu chez lui aux frais de la fondation des écoles militaires un certain nombre d'enfants; six élèves y furent placés le 4 juillet 1792. Comme suite de l'adoption nationale, par décret du 8 novembre 1793, la Convention classa l'institution de Bourdon au nombre des écoles nationales et décida que les orphelins des « défenseurs de la patrie y seraient reçus. »

Les études étaient primaire et secondaire; on apprenait, en outre, la musique et le métier de cordonnier, de menuisier, de tailleur, d'imprimeur ou de jardinier.

Un décret de la Convention, en date du 20 mai 1794 (1er prairial an II), fixa à 300 livres le prix du trousseau à payer par la Nation pour les enfants de douze ans, à 250 pour ceux au-dessous de cet âge. Le 16 juin, le comité de salut public classait la « Société » dans les attributions de la commission de l'instruction publique, qui avait dès lors à instruire les demandes et à prononcer les admissions.

Bourdon commanda les troupes qui se portèrent contre l'Hôtel de Ville au 9 thermidor. Parmi ces troupes, fournies par les sections des Arcis, des Gravilliers et des Lombards, derrière les canonniers qui marchaient au premier rang, venait un détachement de la Société de Jeunes Français. L'école prit ainsi part à la chute de Robespierre.

Compromis dans la journée du 12 germinal an III (1er avril 1795), Bourdon fut arrêté, et l'école resta confiée aux soins de

---

[1] Ancienne abbaye de Saint-Martin-des-Champs.

la « citoyenne sa femme ». Mais quelques jours après, le comité d'instruction publique nommait Crouzet directeur provisoire.

Le premier soin de celui-ci fut de prendre connaissance des charges de l'établissement. Il proposa quelques suppressions, telles que celles des professeurs de physique, de chimie et de langues étrangères, du vin fourni aux élèves et du loyer de la maison (4,000 livres). Néanmoins, la dépense annuelle serait encore de 465,000 livres pour les 216 élèves que comptait alors l'école; soit, 2,150 livres par élève, alors que la République ne payait pour chacun que 1,000 livres.

En outre, on considéra qu'il y aurait à faire une avance importante pour les meubles et le linge nécessaires aux dortoirs, au réfectoire et aux classes, ainsi que pour les ustensiles de cuisine et de table. Ces meubles ou effets existaient bien, mais la dame Bourdon n'était pas disposée à les céder. Enfin, Crouzet sollicitait un traitement.

On proposa, en conséquence, la suppression de l'école comme trop onéreuse, « promettant plus qu'elle ne pouvait tenir, » et pouvant devenir trop nombreuse avec le temps.

En effet, le décret du 8 novembre 1793 (18 brumaire an II) y admettait les « orphelins des défenseurs de la patrie ». Deux décrets des 29 décembre 1793 et 16 janvier 1794 (9 et 27 nivôse an II), accordèrent ce droit aux enfants des citoyens blessés ou morts aux armées en faisant un service quelconque. Le même avantage était octroyé le 31 août (14 fructidor), aux fils des victimes de l'explosion de Grenelle, et le 16 novembre (26 brumaire an III), aux jeunes colons, âgés de moins de quinze ans, réfugiés en France. Aux termes de ces décrets, il fallait donc admettre tous les enfants dont les droits étaient reconnus et en quelque nombre qu'ils fussent.

La suppression fut décidée; mais il fallait pourvoir au sort des élèves actuels. On proposa de les verser à l'école de Liancourt. Cette proposition fut acceptée; un décret du 8 juin 1795 (20 prairial an III), prescrivait la suppression de la Société de Jeunes Français et le versement d'une partie des élèves à l'école de Liancourt.

Des 216 élèves, selon leur âge, on incorpora les uns dans les troupes; d'autres furent placés en apprentissage; 70 seulement se virent transférés à Liancourt.

XIII.

École de Mars.

L'école de Mars sort en quelque sorte du cadre de cette étude, mais la suite des faits ont amené à la période révolutionnaire. Des créations de cette période se sont greffées sur l'institution royale ; d'autres ont absorbé d'anciennes fondations. En outre, avec l'école de Mars disparaissent les établissements d'instruction militaire, et ils ne reprennent vie qu'avec l'école de Fontainebleau-Saint-Cyr, dix ans plus tard.

La Convention nationale décréta le 1er juin 1794 (13 prairial an II), qu'il serait « envoyé à Paris, de chaque district de la République, six jeunes citoyens, sous le nom d'*élèves de l'école de Mars,* dans l'âge de seize à dix-sept ans et demi, pour y recevoir, par une éducation révolutionnaire, toutes les connaissances et les mœurs d'un soldat républicain. » Paris, à raison de sa population, fournissait 80 élèves. L'idée de cette création était due à Carnot.

Les élèves devaient être choisis « parmi les enfants des sans-culottes » : trois pris dans les campagnes, les trois autres dans les villes, de préférence fils de volontaires blessés ou sous les drapeaux. Les élèves se rendirent à Paris à pied et sans armes, sous la surveillance « fraternelle » d'un camarade responsable de leur conduite. Tous durent arriver avant le 8 juillet. Les premiers rejoignirent l'école le 19 juin.

L'école fut établie dans la plaine des Sablons, les élèves demeurant sous la tente tant que la saison le permettrait. Lorsque le camp serait levé, et en attendant leur incorporation dans les troupes, ils retourneraient dans leurs foyers, où ils devaient recevoir d'autres genres d'instruction selon leurs aptitudes.

Au comité de Salut public la surveillance immédiate de l'école ; il était autorisé à prendre toutes mesures nécessaires « pour remplir l'objet de cette institution révolutionnaire » ; il choisissait instituteurs et agents. Deux de ses membres étaient détachés en permanence au camp des Sablons[1].

---

[1] D'abord Peyssard et Lebas ; puis Peyssard, Bentabolle et Brival (27 juillet 1794) ; enfin, Moreau et Bouillerot (14 septembre).

Maniement des armes, manœuvres de l'infanterie, de la cavalerie et de l'artillerie[1], principes de l'art de la guerre, fortifications de campagne, administration militaire, étaient les matières de l'enseignement. En outre, les élèves de Mars étaient « formés à la fraternité, à la discipline, à la frugalité, aux bonnes mœurs, l'amour de la patrie et à la haine des rois. »

Ils étaient partagés en quatre divisions : artillerie, cavalerie, fusiliers et piquiers. Chaque division se subdivisait en milleries comprenant dix centuries formées de dix décuries.

Le *décurion* ou caporal commandait une *tente;* les élèves de chaque tente étaient décurions chacun leur tour. Le *centurion* ou capitaine avait dix tentes sous ses ordres; le *millerion* ou chef de cohorte, cent tentes. Centurions et millerions étaient d'anciens soldats, appartenant généralement à l'Armée révolutionnaire de Paris. A son tour et selon le rang que le sort lui assignait, chaque élève venait auprès d'eux, pendant une décade, apprendre l'art du commandement. Il y avait, en outre, des instructeurs spéciaux.

L'école de Mars était installée sous des tentes dressées dans la plaine des Sablons et une partie du bois de Boulogne. Les élèves étaient maintenus dans une enceinte de palissades à intervalles garnis de chevaux de frise et de sentinelles. Des baraques en toile servaient d'hôpitaux et d'infirmeries. Les écuries, — qui attenaient à la Porte-Maillot, — avaient été construites en sapin, ainsi que l'arsenal et une immense salle où se réunissaient les 3,500 élèves pour suivre les cours oraux. Dans cette salle qui servait également de prétoire et de tribunal, était placée une colossale statue de la Liberté. C'est aux pieds de cette statue que se tenaient Robespierre quand il présidait aux leçons, Peyssard et Lebas en permanence au camp, et prononçaient de fréquents discours.

A cinq heures du matin, le canon annonçait le réveil et la

---

[1] L'exercice à feu du canon avait lieu entre Monceau et Montmartre. Dans la crainte d'accidents, le comité de Salut public décida, le 13 septembre 1794 (27 fructidor an II), que cet exercice se ferait à Vincennes, que 10 pièces de 4 seraient réservées à cet effet et que les élèves y seraient menés deux fois dans la décade.

prière[1]; la retraite annoncée de même par le canon, à huit heures du soir. Chacun alors rentrait sous sa tente. Ne restaient dehors que les patrouilles chargées de faire régner le silence.

Les élèves de Mars eurent d'abord comme tenue une blouse de coutil blanc et un bonnet de police. Ce premier uniforme fut remplacé par le costume théâtral que l'on connaît, dessiné par David : tunique à la polonaise avec nids d'hirondelles au lieu d'épaulettes; trois brandebourgs sur la poitrine fixés par des boutons à la hussarde ; gilet en forme de châle; fichu à la Colin en laine rouge, porté comme cravate, laissant nu le devant du cou et se prolongeant jusqu'à la ceinture; pantalon collant garni de peau entre les cuisses et les jambes; demi-guêtre de toile noire. Ces vêtements différaient par la couleur, des réquisitions ayant fourni les draps.

Comme coiffure, une sorte de schako à plumes. Le sabre des fantassins était une épée à la romaine, à fourreau rouge en partie, supporté par un baudrier noir rehaussé de cuivre avec l'inscription *Liberté, Egalité*, et des emblèmes révolutionnaires : épée nue dominant une rangée d'épées et fauchant celle qui se dressait au-dessus des autres. Une partie de l'infanterie était armée de piques. Le sabre des chasseurs à cheval avait été donné à la cavalerie. Une giberne à la Corse, formant ceinture, contenait trente-deux cartouches; elle était faite de toile peinte simulant la peau de tigre; deux sachets l'accompagnaient, destinés à recevoir les pierres, le tire-balle, etc.

Le premier commandant de l'école de Mars fut Louis-Florentin Bertèche. Bertèche servait comme lieutenant de gendarmerie à l'armée du Nord. Il sauva la vie à Beurnonville à Jemmapes, et reçut dans cette bataille quarante-deux coups de sabre. Par décret du 5 mars 1793, la Convention lui décerna la couronne de chêne, ainsi qu'un sabre portant sur la lame : « *La République française à Bertèche* », et l'admit le lendemain aux honneurs de la séance. En outre, elle le nomma colonel du 20e chasseurs, puis commandant l'école de Mars. Suspect de jacobinisme

---

[1] Cette prière était l'hymne mis en musique par Méhul :
Père de l'Univers, Suprême intelligence...

et d'être favorable à Robespierre, Bertèche fut remplacé le 9 thermidor (27 juillet 1794) par Jean-Baptiste-Victor Chanez, plus tard général de brigade, alors ex-adjudant général de la garde nationale, qui prit le titre de *commandant le camp des Sablons.* La cavalerie était aux ordres d'André Fischer, chef d'escadron dans l'Armée révolutionnaire de Paris.

Un corps de musique, nombreux et brillant, était attaché à l'école; il figura avec elle dans les fêtes républicaines [1].

Le 9 thermidor, la Convention craignit que l'école de Mars ne se déclarât contre elle. Bertèche était suspect de jacobinisme et on l'avait arrêté; la présence de Robespierre aux leçons, la permanence de Peyssard et de Lebas, leurs paroles, avaient pu porter leurs fruits; on croyait Lebas, mis hors la loi, réfugié au camp.

Inquiète, la Convention, sur la proposition de Tallien, désigna dans la soirée deux commissaires pour s'y rendre : Bentabolle et Brival. Ils furent reçus aux cris de : *Périssent les traîtres! Vive la Liberté!* Bentabolle trouva en dépôt, près du camp, 3,500 fusils destinés à servir à la fête du lendemain; il en arma les élèves [2].

L'école fut amenée aux Tuileries; elle rangea ses canons sur la terrasse du Manège.

Des cris de *Vive la Montagne!* répondaient vigoureux aux *Vive la Convention!* poussés par les élèves de Mars, comme la Commune de Paris répondait par des décrets d'arrestation aux mises hors la loi que prononçait la Convention. L'opinion était chancelante, et les canons du camp des Sablons suivaient les remous de cette opinion, raconte le général Bardin [3] à qui nous laissons la responsabilité du récit qui suit. D'abord offensifs

---

[1] Entre autres, la fête des sans-culotides (décret de la Convention du 1er jour complémentaire an II (17 septembre 1794).

L'école devait figurer dans la fête fixée au 10 thermidor et être armée pour la circonstance.

[2] *Moniteur universel,* an II; Convention nationale, séance du 9 thermidor; n° 314 et suivants.

[3] *Dictionnaire de l'Armée de terre,* et article spécial inséré dans le *Spectateur militaire :* « Recherches historiques sur l'Ecole de Mars, créée en 1794. »

lors du court instant où Robespierre et Hanriot parurent triompher, au fur et à mesure que la cause nationale gagnait du terrain, les pièces se tournaient peu à peu défensivement. Trois fois, l'assemblée déclara que l'école avait bien mérité de la Patrie.

Tout semblait donc marcher à souhait, mais les ventres étaient affamés; aucune distribution n'avait été faite depuis le matin. Aussi les sentiments favorables devenaient de nouveau chancelants. C'est alors qu'arriva un convoi de saucissons, de pâtés, de bouteilles de vin, achetés d'urgence aux alentours. Cette distribution généreuse fit, et définitivement, pencher la balance. Des cris de *Vive la Convention!* la saluèrent. Le parti de l'assemblée nationale l'emporta, et l'appui que lui donna l'école de Mars décida du succès.

Dès le 12 thermidor, Tallien la signalait comme une armée de séides réunie pour servir Robespierre, qui en faisait refuser l'entrée à ses adversaires. Il demanda et obtint l'épuration de son personnel; mais l'institution, par suite des événements politiques, était battue en brèche. Elle ne put résister.

Le licenciement fut prononcé le 23 octobre 1794 (2 brumaire an III), pour être terminé le 5 novembre. On renvoya les élèves dans leurs foyers; ils emportèrent leurs effets d'habillement, ainsi que leur sabre. Ceux qui y étaient propres furent incorporés dans les corps de troupe; il n'y en eut qu'une faible partie. Les instructeurs devaient rentrer dans les corps dont ils sortaient avec le grade qu'ils occupaient avant d'être détachés, mais avec l'expectative du grade supérieur à la première vacance (Arrêté du comité de Salut public du 14 mars 1725 [24 ventôse an III]).

Quelques-uns des 3,500 élèves de Mars acquirent plus tard la célébrité : le général Le Marois, le général Berge, le général Manhès, vice-roi des Calabres, l'intendant militaire Fromentin de Saint-Charles, le graveur-antiquaire Hyacinthe Langlois, le docteur Fouquier, médecin en chef de la Charité.

ÉTAT DU PERSONNEL

DES

COMPAGNIES DE CADETS-GENTILSHOMMES

ET DES ÉCOLES MILITAIRES.

Dans la nomenclature des diverses fonctions, l'ordre suivi est celui de l'*État militaire*. Les titres sous lesquels elles sont classées sont ceux qu'il leur donne. Les noms des professeurs ne sont pas cités ; leur nombre eût été trop grand. Du reste ceux qui sont passés à la postérité ont été mentionnés dans le cours du travail.

Il n'a pas été possible de retrouver toutes les dates de nomination. A défaut du quantième ou du mois, l'année au moins est indiquée. S'il n'y a aucune date, c'est que le titulaire a été pourvu de l'emploi à sa création.

Pour les compagnies de Cadets de Louvois, l'état ne mentionne que les noms des capitaines ; pour celles de 1726, les noms des capitaines et des lieutenants. L'importance de la compagnie de Metz méritait une exception : le personnel de cette compagnie est cité en entier.

---

9 COMPAGNIES DE CADETS-GENTILSHOMMES

CRÉÉES EN 1682.

(*Les premières commissions sont du 15 juin 1682.*)

Le secrétaire d'État de la guerre, inspecteur général.

Citadelle de Besançon.

Capitaine....... Chevalier DE MONCAULT, gouverneur.

Supprimée par ordonnance du 1er août 1694 ; les cadets versés dans la compagnie de Strasbourg.

Citadelle de Metz, puis **Sarrelouis.**

Capitaine....... LE CAMUS DE MORTON, gouverneur des ville et château de Bitche.
DU REPAIRE.

Supprimée le 1er août 1694 ; versée à Strasbourg.

Brisach.

Capitaine....... DE LA CHÉTARDIE, commandant.

Supprimée le 1er août 1694 ; versée à Strasbourg.

Longwy.

Capitaine....... DE PONTMARIN, lieutenant de roi.
DE LAMONT, *id.*

Supprimée le 1er août 1694 ; versée à Tournai.

Citadelle de Valenciennes, puis **Belfort.**

Capitaine....... DE MONTEFRANC, gouverneur.
LE CAMUS DE MORTON, *id.*

Supprimée le 1er août 1694 ; versée à Strasbourg.

Charlemont.

Capitaine....... DE RÉVEILLON, gouverneur.
Marquis DE BEFFUGES, *id.*

Supprimée le 1er août 1694 ; versée à Tournai.

Citadelle de Cambray.

Capitaine....... DU FRESNE, lieutenant de roi.

Supprimée le 1er août 1694 ; versée à Tournai.

Citadelle de Tournai.

Capitaine....... DE MESGRIGNY, gouverneur.

Licenciée par ordonnance du 1er avril 1696.

Citadelle de Strasbourg.

Capitaine....... DE MONTBRUN, lieutenant de roi.
DE SIFFREDY, *id.*

Licenciée le 1er avril 1696.

6 COMPAGNIES DE CADETS-GENTILSHOMMES

CRÉÉES LE 16 DÉCEMBRE 1726.

Citadelle de Cambrai.

Capitaine....... Chevalier DE TIRAQUEAU.
Lieutenant...... N...

Supprimée par ordonnance du 20 mai 1729; les cadets versés dans la compagnie de Metz.

Citadelle de Perpignan.

Capitaine....... DE DAMPIERRE, brigadier d'infanterie.
Lieutenant...... DE RANC.

Supprimée le 20 mai 1729; versée à Strasbourg.

Citadelle de Bayonne.

Capitaine....... DE BÉRARD.
Lieutenant...... N...

Supprimée le 20 mai 1729; versée à Strasbourg.

Château de Caen.

Capitaine....... D'AIGREMONT.
Lieutenant...... DE CHANTEPIE.

Supprimée le 20 mai 1729; versée à Metz.

Citadelle de Strasbourg.

Capitaine....... DE MARNESIA, brigadier d'infanterie.
Lieutenant...... DE CHAIS.

Supprimée le 10 juin 1732; versée à Metz.

Citadelle de Metz.

Capitaine....... DU BOSCHET.
Lieutenant...... DE BIRAGUE.
Aide-major..... THIERRY aîné.
Sous-lieutenants. ARBALESTE DE MELUN, JANEL, BOUCHON, BALLET DE MARIGNAC, THIERRY cadet, BARTHÉLEMY DE SAINTE-CROIX.

Licenciée par ordonnance du 22 décembre 1733.

ÉCOLE MILITAIRE

CRÉÉE PAR ÉDIT DE JANVIER 1751.

Le secrétaire d'État ayant le département de la guerre a, sous les ordres du roi, la surintendance.

DE CRÉMILLES (Louis-Hyacinthe BOYER), lieutenant général, adjoint au secrétaire d'Etat de la guerre, surintendant conjointement avec lui le 27 mai 1758. Démissionnaire le 10 avril 1762.

ÉTAT-MAJOR

Gouverneur.

1er août 1752. Marquis DE SALIÈRES (Antoine-Alexis DE CHASTELAR), démissionnaire en 1764.
21 mai 1766. Chevalier DE CROISMARE (Jacques-René).
9 déc. 1773. Marquis DE TIMBRUNE-VALENCE (Jean-Baptiste-César).

Lieutenant de roi.

3 oct. 1753. Chevalier DE CROISMARE (a eu le titre de commandant en chef en octobre 1764).
10 avril 1769. Commandeur DE BONGARS (Jacques, chevalier, puis). (En faisait les fonctions depuis le 21 mai 1766, sans autre titre que celui de major).
11 mai 1769. POULAIN DE BOUJU (François-Charles), *en survivance.*

Major.

25 mai 1753. Chevalier DE BONGARS (J.).
11 mai 1769. POULAIN DE BOUJU (F.-C.), *survivancier du* 21 *mai* 1766.
11 mai 1769. SOUCHET D'ALVIMARE (Octavien), *en survivance.*

1er aide-major.

(*L'ordonnance du* 3 *juillet* 1772 *donne aux aides-majors le rang de major d'infanterie.*)

25 mai 1753. DE LORRY (Paul-Philibert-Marie COUET DU VIVIER).
28 juill. 1759. DU BOUSQUET (Antoine POITEVIN).
21 mai 1766. DE KERALIO (Louis-Félix GUYNEMENT).

2e aide-major.

10 juin 1754. Chevalier DE LORRY (David-Nicolas COUET DU VIVIER).
28 juill. 1759. DE KERALIO (L.-F.).
21 mai 1766. FABRE (Antoine).

3e aide-major.

28 juill. 1759. DE VILLEREAU (Eustache).
23 sept. 1769. SOUCHET D'ALVIMARE (O.).

26 août 1770. De La Noix (Louis).

(L'emploi de 3e aide-major, créé le 28 juillet 1759, avait été supprimé le 21 mai 1766 ; il fut rétabli le 23 septembre 1769.)

4e aide-major.

Créé par ordonnance du 3 juillet 1772.

1er oct. 1772. Chevalier de Fontenay (Pierre-Jean).

Sous-aides-majors.

28 déc. 1754. Fabre (A.).
20 juill. 1759. Barbaste (Joseph).
28 juill. 1759. De La Cordaire de Lassaux (Philippe-Louis).
23 sept. 1769. De La Noix (L.).
23 sept. 1769. Chevalier de Fontenay (P.-J.).
23 sept. 1769. De Fleurans (Pierre).
23 sept. 1769. D'Azy (Jean-Charles-Germain).
17 déc. 1770. Pernon (Claude).
1er oct. 1772. De Beaupoil de Saint-Aulaire (Pierre de La Rigaudière).
26 févr. 1774. Mutel de L'Isle (Philippe-Pierre-Jean).
4 avril 1775. Du Tertre de Lalande.
15 sept. 1775. De Gourdon (Jean-Baptiste-Louis).

(Le troisième emploi de sous-aide-major, créé le 28 juillet 1759, fut supprimé le 21 mai 1766 : la décision royale du 23 septembre 1769 porta le nombre des sous-aides-majors à cinq ; enfin, l'ordonnance du 3 juillet 1772 en supprima un.)

COMPAGNIES D'ÉLÈVES.

Capitaines.

N° 1. — 5 juin 1753. De Nort (Nicolas-François).
N° 2. — 5 juin 1753. De La Noue-Vieux-Pont, comte de Vair (Gabriel-François).
N° 3. — 8 mai 1754. De Lange de La Maltière (François-Joseph).
N° 4. — 28 déc. 1754. De Compaigne (Etienne-Barthélemy).
N° 5. — 11 juill. 1756. D'Autrèche (Pierre-Alexandre-François de Salles).
N° 6. — 11 juill. 1756. Des Rosières (Nicolas Minet).
N° 7. — 11 juill. 1756. Chevalier de Champignolles (Louis-Casimir Le Brun du Breuil).

Lieutenants.

N° 1. — 5 juin 1753. De Lange de La Maltière (Fr.-J.).
8 mai 1754. Chevalier de Champignolles (L.-C. Le Brun du Breuil).
11 juill. 1756. De Resseguier (Jean-Baptiste).
N° 2. — 5 juin 1753. Des Rosières (N. Minet).
11 juill. 1756. Du Theil (Jacques-André Barry).
26 sept. 1756. Chevalier de La Noue (Joseph-Alexandre).

N° 3. — 8 mai 1754. D'Autrèche (P.-A.-Fr. de Salles).
11 juill. 1756. De Rezet (Prothade-Hyacinthe-François).
N° 4. — 28 déc. 1754. De Capponi (Gilbert-François).
15 janv. 1758. Chevalier d'Auvergne (Hippolyte).
N° 5. — 11 juill. 1756. Chevalier de La Noue (J.-A.).
26 sept. 1756. Du Theil (J.-A. Barry).
N° 6. — 11 juill. 1756. De Puyberneau (Jacques-Henry-Salomon L'Évesque).
11 juill. 1756. De Courtade (Jean-Pierre).

Le 11 juillet 1759, les capitaines et lieutenants des compagnies d'élèves rentrèrent dans les troupes. Ils furent remplacés par des

INSPECTEURS DES ÉTUDES.

De Barrett (Jean-Jacques), Joannis, Massonnet, de Richebourg, Robert, Cacault, Cavalier (Jacques), de Lasnière, Blanzac, Liébault et Antelmy (Pierre-Thomas).

De Barrett fut chargé de remplir les fonctions du directeur général des études, qui fut supprimé en 1766, avec le titre d'*Inspecteur des études;* les autres inspecteurs prirent alors celui d'*Inspecteur des élèves.*

Tous furent licenciés à dater du 1er octobre 1769 et remplacés par des officiers.

NOUVELLES COMPAGNIES D'ÉLÈVES.

Capitaines en premier.

1. — 23 sept. 1769. De Lacordaire de Lassaux (P.-L.).
15 sept. 1775. De Fleurans (P.).
2. — 23 sept. 1769. De Fontenay (Louis-René).
1er mai 1772. De Martinon (André-Marie).
3. — 23 sept. 1769. De Mérogier (Jacques-François Martin).
10 juill. 1773. Barbaste (J.).
4. — 23 sept. 1769. Chenu du Tertre (Philippe).
2 juin 1775. Chevalier d'Auvergne (H.).
5. — 23 sept. 1769. De Lassus (Louis-Frédéric).

Capitaines en second.

1. — 23 sept. 1769. De Beaumont.
18 janv. 1770. De Beaupoil-Saint-Aulaire (P. de La Rigaudière).
1er oct. 1772. D'Azy (J.-C.-G.).
2. — 23 sept. 1769. Pernon (Cl.).
15 janv. 1771. Mutel de l'Isle (P.-P.-J.).
3. — 23 sept. 1769. De Martinon (A.-M.).
10 juill. 1773. De Gourdon (J.-B.-L.).
15 sept. 1775. De Moissac (Alexandre-Jean-Robert).
4. — 23 sept. 1769. Chevalier d'Auvergne (H.).
2 juin 1775. Gromaire de La Bapomerie (Jean-Joseph).
5. — 23 sept. 1769. Chevalier de Villecontal (Louis de Nattes).
25 avril 1772. De Maritan (Jean-Louis).

(L'ordonnance du 3 juillet 1772 supprima un capitaine en premier et un capitaine en second.)

Capitaines en second surnuméraires.

(Créés par ordonnance du 3 juillet 1772.)

Première place.

1er oct. 1772. De Gourdon (J.-B.-L.).
10 juill. 1773. Gromaire de La Bapomerie (J.-J.).
2 juin 1775. De Moissac (A.-J.-R.). (Remplissait ces fonctions sans appointements depuis le 17 août 1773.)
15 sept. 1775. Duhoux (Louis-Benoît).

Deuxième place.

1er oct. 1772. Fassion de La Bastie (Pierre-Avite).

Commandant l'exercice de l'artillerie.

3 avril 1755. Boileau de Saint-Pau (Claude-Jean-Chrisostôme). (Cet emploi fut supprimé en 17...)

Sergent d'exercice.

Sept. 1753. Fabre (A.).
19 sept. 1756. Barbaste (J.).

INTENDANCE, SECRÉTARIAT ET CONTROLE.

Intendant.

Pâris du Verney (Joseph), conseiller d'Etat.
Pâris de Meyzieu (Jean-Baptiste), *en survivance.*
1759. Pecquet (Antoine), ancien grand-maître des Eaux et Forêts, *en survivance.*
18 juill. 1770. Du Pont (Gaëtan-Lambert), secrétaire du roi, *en survivance en 1762; adjoint en 1769.*

Trésorier.

(Créée par édit de septembre 1754, cette charge fut érigée en office héréditaire de la couronne par autre d'août 1760).

Du Pont (G.-L.).
1er janv. 1769. Choulx de Biercourt (François-Jacques), avocat au Parlement, ancien secrétaire ordinaire de la reine.

Secrétaire du Conseil, garde des archives.

1753. D'Arget, ancien conseiller privé et secrétaire des commandements de Frédéric le Grand.
1769. Dupré-Laoürens (Pierre-François).

Inspecteur-contrôleur général.

1753. Cot (Pierre).

Sous-contrôleur.

1753. De Fontenelle.
20 août 1758. Morice, *en survivance.*

ÉTUDES.

Directeur général.

30 juin 1754. Pâris de Meyzieu (J.-B.).
1760. Dufresne d'Aubigny.

(La direction générale des études, créée le 30 juin 1754, fut supprimée en 1766. Les fonctions de directeur général des études furent remplies par de Barrett, un des inspecteurs nommés en 1759. Elle fut rétablie à dater du 1er octobre 1769.)

1er oct. 1769. Bizot (Jean-Louis).
14 déc. 1773. Dromgold (Jean), mestre de camp de cavalerie. (Réunit à ces fonctions celle de commandant le corps des élèves.)

Sous-directeur des études.

25 févr. 1758. De Keralio (L.-F.).
(Supprimé le 28 juillet 1759.)

Professeurs.

De mathématiques, de grammaires française et allemande, de fortification, de dessin, d'histoire et de géographie. — Les cours de latin, d'italien et de tactique furent supprimés en 1769.

Exercices du corps.

Manège.

15 juill. 1756. D'Auvergne (Jacques-Amable), *écuyer en chef.*
1756. De Vivefoy (François), *sous-écuyer.*
Juillet 1756. Ciolly, *maître à voltiger.*

Escrime.

Un maître et deux prévôts.

Danse.

Un maître et un prévôt.

CHAPELLE.

Directeurs du spirituel, chapelains, sacristains, diacres et sous-diacres d'office. Le curé du Gros-Caillou était curé de la chapelle.

SERVICE DE SANTÉ.

1753. Mac-Mahon, *médecin.*
1753. Pibrac, *chirurgien-major.*
15 juill. 1771. Garre (Claude-François), *en survivance en* 1770.
Calville, *chirurgien aide-major.*
1er avril 1761. Dusault, *id.*
1er avril 1771. Du Four, *chirurgien aide-major.*
Deux dentistes, un chirurgien-herniste, un apothicaire et un oculiste.

D'Hozier de Sérigny, juge d'armes de la noblesse de France, *commissaire du roi pour certifier la noblesse des élèves.*

4 capitaines des portes, portés au nombre de 10 à dater du 1er octobre 1769.

L'École militaire de Paris a été supprimée par une déclaration royale du 1er février 1776 et les élèves furent répartis dans les troupes et dans dix collèges de province qui prennent dès lors chacun le titre d'*Ecole royale militaire.*

Compagnie de bas-officiers invalides chargée de la garde intérieure de l'Hôtel de l'École militaire.

(*Créée par ordonnance du 3 juillet 1753*).

Capitaines.

3 juill. 1753. De Rignac (Jean-Henry).
11 mai 1769. Dabin (Claude-Laurent).
24 avril 1781. Deshayes (Jacques).
22 nov. 1786. De La Cour de La Bigne (Pierre-Charles-Ambroise).

Capitaines en second.

3 juill. 1753. Dabin (Cl.-L.).
11 mai 1769. Desbarres (Pierre-Nicolas).
24 févr. 1774. Deshayes (J.).
24 avril 1781. Reboul (Jacques).

Lieutenants.

(*Emploi créé par ordonnance du 28 juin 1776*)

1er juill. 1776. Reboul (J.).
24 avril 1781. De La Frédière (Jean-Baptiste Ymoné).
La compagnie cesse de servir à l'école le 1er juillet 1788.

ÉCOLES MILITAIRES

ÉTABLIES PAR LA DÉCLARATION ROYALE DU 1er FÉVRIER 1776.

Le secrétaire d'Etat ayant le département de la guerre en conserve la surintendance.

Inspecteur général.

30 mars 1776. Marquis DE TIMBRUNE (J.-B.-C.).

Sous-inspecteur.

(Le sous-inspecteur commandait à l'Hôtel de Paris).

30 mars 1776. Chevalier DE KERALIO (Agathon GUYNEMENT).
1er juin 1783. Chevalier DE REYNAUD DE MONTS (Marc-Antoine-Sérapion).

Directeur général des affaires.

20 janv. 1777. DU BOYS, commissaire des guerres.
(A sa mort, arrivée en 1783, la direction générale des affaires fut réunie à l'inspection-contrôle général.)

Inspecteur-contrôleur général.

18 oct. 1777. PELÉ (Laurent).

Secrétaire-garde des archives.

DUPRÉ-LAOURENS.
12 févr. 1780. HAQUIN.

Trésorier général.

(Cet office avait été supprimé par la déclaration du 1er février 1776; il fut rétabli par lettres patentes du 10 août 1776.)

CHOULX DE BIERCOURT (Fr.-J.).

D'HOZIER DE SÉRIGNY, juge d'armes de la noblesse de France, *commissaire du roi pour certifier la noblesse des élèves.*

COMPAGNIE DE CADETS-GENTILSHOMMES

Établie à l'Hôtel de l'École militaire de Paris par ordonnances des 17 juillet et 18 octobre 1777.

Lieutenant-colonel commandant.

18 oct. 1777. Baron DE MOYRIA (Louis-François), décédé en 1783.

Directeur des études.

1er juin 1783. VALFORT (Louis SILVESTRE, dit). (Réunit le 28 décembre 1783 aux siennes les fonctions de Moyria.)

Aide-major.

1er sept. 1777. DE LA NOIX (L.).

1er sous-aide-major.

1er sept. 1777. DE GOURDON (J.-B.-L.).
15 août 1783. PERNON (Cl.).

2e sous-aide-major.

1er sept. 1777. PERNON (Cl.).
15 août 1783. DE TARRAGON (Jacques-Alexandre).
25 oct. 1786. Chevalier DU PUY (Jean-Mathieu).

3e sous-aide-major.

(*Les emplois de 3e et de 4e sous-aide-major ont été créés le 23 janvier 1779.*)

22 janv. 1779. DE TARRAGON (J.-A.).
15 août 1783. Chevalier DU PUY (J.-M.).
25 oct. 1786. Chevalier DE MARS (Charles).

4e sous-aide-major.

23 janv. 1779. Chevalier DU PUY (J.-M.).
15 août 1783. Chevalier DE MARS (Ch.).
25 oct. 1786. JOREL DE SAINT-BRICE (Louis-Charles).

Commissaire des guerres de la compagnie.

22 avril 1778. DAVID (Pierre-Louis), ordonnateur.

ÉTUDES.

2 professeurs de droit public, 9 de mathématiques, 3 d'histoire et géographie, 1 de grammaire latine, 2 de grammaire française, 3 de grammaire allemande, 1 de grammaire anglaise, 3 de fortification, 3 de dessin, 1 d'écriture.

Exercices du corps.

Sept. 1777. D'Auvergne (J.-A.), *écuyer en chef.*
Sept. 1777. De Vivefoy (Fr.), *sous-écuyer* (retiré en 1784).
3 juin 1779. De Bongars (René-Guillaume), *id.*
2 août 1784. Chevalier du Tertre (Jean-Marie), *id.*
Sept. 1777. Ciolly, *maître à voltiger.*
1 maître d'armes et 2 prévôts.
2 maîtres de danse.

SERVICE DE SANTÉ

Mac-Mahon, *médecin.*
9 août 1786. Kenens (Henri-Charles), *id.*
Garre, *chirurgien-major.*
Dusault, *chirurgien aide-major.*
Du Four, *id.*

ÉCOLES MILITAIRES

SELON LE RÈGLEMENT DU 9 OCTOBRE 1787
LICENCIANT LA COMPAGNIE DE CADETS
ÉTABLIE A L'HOTEL DE L'ÉCOLE MILITAIRE A PARIS.

Le secrétaire d'État de la guerre en conserve la surintendance.

Inspecteur général, président du conseil de direction.

Marquis DE TIMBRUNE (J.-B.-C.).

Sous-inspecteur.

Chevalier DE REYNAUD DE MONTS (M.-A.-S.), vice-président du conseil.

Conseil de direction.

1er févr. 1788. Abbé MORELLET (André), de l'Académie française.
1er févr. 1788. LE GENDRE (Adrien-Marie), de l'Académie des Sciences.
1er févr. 1788. BAILLY (Jean-Sylvain), des Académies française, des Sciences et des Inscriptions.
1er févr. 1788. Abbé CHARBONNET (Pierre-Mathias), ancien recteur de l'Université.

Secrétariat des écoles.

1er févr. 1788. CAILLARD, chef du secrétariat et garde des archives.

Trésorier.

CHOULX DE BIERCOURT (Fr.-J.), chargé, en outre, de toutes les affaires contentieuses.

DE PERNON (Cl.), *commandant la 1re division des cadets*, à Brienne.
Chevalier DE MARS (Ch.), *commandant la 2e division des cadets*, à Pont-à-Mousson.

KENENS, *médecin consultant des écoles militaires.*
GARRE, *chirurgien consultant des écoles militaires.*

Les Écoles militaires ont été définitivement supprimées par décret du 9 septembre 1793.

TABLE DES MATIÈRES.

COMPAGNIES DE CADETS-GENTILSHOMMES.

I.

PREMIÈRE CRÉATION.

(1682-1696).

II.

SECONDE CRÉATION.

(1726-1733).

Pages.

V.

VI.

VII.

VIII.

IX.

ÉCOLES MILITAIRES.

(1776-1793).

I.

Paris. — Imprimerie L. Baudoin et Cie, 2, rue Christine.

www.ingramcontent.com/pod-product-compliance
Ingram Content Group UK Ltd.
Pitfield, Milton Keynes, MK11 3LW, UK
UKHW031844260826
14628UKWH00002B/576